Demokratie buchstabieren

Demokratie heißt Volksherrschaft.

Wenn alle Bürger das Volk bilden –über wen herrschen sie dann, außer
über sich selbst?

Volksherrschaft ist also Selbstbeherrschung des Volkes oder Herrschaftslo-
sigkeit im Sinne von fehlender Beherrschung durch Andere. Was unterscheidet Demokratie dann von Anarchie, also von –wörtlich- Herrschafts-
losigkeit?

Eben die Selbstbeherrschung: ein Bewusstsein für die erforderlichen Regeln, die sich ein sich selbst beherrschendes Gemeinwesen geben und an die
es sich halten muss, um aus einer Anarchie im Sinne von Gesetzlosigkeit
eine geregelte Demokratie zu machen.

Der vorliegende Text geht davon aus, dass der Mensch ein friedfertiges und
verantwortungsfähiges Wesen ist. Er nimmt aber auch zur Kenntnis, dass
Menschen selbst im 21. Jahrhundert dazu neigen, persönliche Vorteile zu
Lasten von anderen durchzusetzen.

Christian Fischer

Demokratie buchstabieren

Ein radikaler politischer (Alp?)Traum

davon, wie man als unbescholtener Bürger beim Betrachten der politischen Wirklichkeit und beim Nachdenken über Selbstverständlichkeiten manchmal nicht nur in's Grübeln, sondern sogar an's Zweifeln geraten, aber zum guten Ende doch auch eine Perspektive daraus gewinnen kann. Oder muss.

Bibliografische Information der Deutschen Nationalbibliothek:
Die Deutsche Nationalbibliothek verzeichnet diese Publikation in der Deutschen Nationalbibliografie; detaillierte bibliografische Daten sind im Internet über http://dnb.dnb.de abrufbar.

Herstellung und Verlag: BoD – Books on Demand, Norderstedt

ISBN: 978-3-7357-9273-0

Alternativen

Demokratie lebt von Alternativen

Demokratisches Leben ist das Leben der Menschen auf gleicher Augenhöhe. Da die Menschen in vieler Hinsicht verschiedenen sind und unterschiedliche Wünsche und Vorstellungen haben, sind die gemeinsamen Angelegenheiten auszuhandeln. Dazu muss jeder erst einmal selbst wissen, was er will. Manch einer hat zu vielen Themen eine feste Meinung; manche Meinungen bilden sich erst im Gespräch heraus, einige Themen sind für manch einen ganz uninteressant.

Wenn man zu sachlichen Entscheidungen kommen will, muss das Thema auf den Tisch und verhandelt und beschlossen werden. Wer daran interessiert ist, muss selber mitmachen oder sein Votum delegieren an einen Repräsentanten. Aber selten wird es nur einen Vorschlag geben, es wird Vermittlungen und Kompromisse geben müssen zwischen verschiedenen Alternativen. Am Ende dann auch Entscheidungen, die nicht jeden völlig zufrieden zurücklassen. Aber der reife Bürger wird die Entscheidung akzeptieren, wenn sie nach fairer und sachlicher Auseinandersetzung getroffen wurde.

Wer schon zu Anfang – oder auch später - Alternativlosigkeit für seine Absichten behauptet, verdient grundsätzlich unser Misstrauen, unseren Widerspruch. Alternativlos ist das buchstäbliche Schlagwort derer, die den Anderen aus dem Feld schlagen wollen, denen Respekt fremd und lästig ist. Sie sehen andere Interessen als minderwertig und diffamieren sie als nicht ernst zu nehmen. Mit dem Wort alternativlos nimmt man dem anderen bereits seine Würde. Das ist eine gewalttätige Haltung, die wir in verschiedenen Kleidern schon kennen. Wehret den Anfängen!

Man bemüht sich dann schon einmal, meist mit wenig Geduld, dem Uneinsichtigen seine sachlichen Irrtümer aufzuzeigen. Schnell malt

man Katastrophen an die Wand, die sich ergeben, wenn der Unein-
sichtige den alternativlosen Weg nicht mitgeht. Aber man merkt
schon: dem Alternativlosen geht es nicht um sachliche Klärung,
nicht um Interesse am Vorschlag des anderen, nicht darum, möglichst viele sachliche Aspekte und Betroffene einzubeziehen. Ihm
geht es um Durchsetzung. Alternativlos ist ein anderes Wort für
Befehl und Gehorsam, es ist die Sprache der Diktatur.

Mit der Forderung, Alternativen über die öffentlichen Angelegenheiten zu erörtern, sollen keineswegs Entscheidungen generell als
undemokratisch und nur Diskussion als demokratisch bezeichnet
werden, das wäre albern. Entscheidungen müssen getroffen werden
und sie müssen dann auch gelten. Aber wie kommen sie zustande?
Nach sachlicher öffentlicher Auseinandersetzung auch über Alternativen? Nach direkter oder repräsentativer Abstimmung? Oder
doch nur nach Vorentscheidung einiger Einflussreicher, die die öffentlichen Gremien und deren Personal als ihre Durchsetzungsor-
gane nutzen? Berechtigte Fragen, die im Folgenden häufiger wieder-
kehren.

Aber an der Frage, wie ernst wir selbst und unsere Repräsentanten
die Möglichkeit von Alternativen nehmen, entscheidet sich schon,
ob wir Demokraten sind.

Bürger

In der Demokratie haben die Bürger das letzte Wort

Heute meint der Begriff Bürger alle Einwohner eines Staates, die über die entsprechende Staatsbürgerschaft verfügen, die über die entsprechenden Bürgerrechte verfügen. Er hat aber auch etwas Ausschließendes: Einwohner mit ausländischem Pass verfügen nicht über die gleichen Rechte, auch wenn sie schon lange im Land wohnen oder sogar hier geboren wurden. Man spricht dann etwas umständlich von den ausländischen Mitbürgern, was aber nicht darüber hinwegtäuscht, dass sie nicht die hiesigen Bürgerrechte haben.

Das Ausschließende hat Geschichte. Ursprünglich waren die Bürger diejenigen Bewohner einer Stadt, einer geschlossenen „Burg", die über einen Landbesitz in der Stadt selbst oder im Umland verfügten. Bürger waren nur die Besitzenden. Das war so in den antiken städtischen Demokratien, das war so in den mittelalterlichen Städten mit ihren Gilden und Kaufleuten, mit Patriziern und Klerus. Die Mehrheit der Stadtbewohner gehörte rechtlich nicht dazu. Die Mehrheit der Landbewohner, damals die große Mehrheit, erst recht nicht. Zu Beginn der Neuzeit waren Menschen mit der falschen Konfession auch in der Stadt oft ausgeschlossen von den Bürgerrechten, wenn die Stadt überwiegend andersgläubig war. Oft wurden sie sogar vertrieben. Das Wahlrecht war im Königreich Preußen noch bis ins 20. Jahrhindert an den Besitz gebunden. Und an das Geschlecht.

Selbst in der ältesten modernen Demokratie, den USA, erhielten die Frauen erst 1920 das Wahlrecht – in Wisconsin freilich schon 1870! –, in England 1928, in Spanien 1931, Frankreich 1944, Italien 1946, Belgien 1948, Griechenland 1952, Schweiz 1971, Portugal 1974. In den skandinavischen Ländern, in Deutschland und einigen anderen Ländern gab es Frauenwahlrecht schon kurz vor 1920. Aber auch in Deutschland konnte eine Frau bis in die zweite Hälfte des 20. Jahrhunderts ohne Erlaubnis ihres Mannes keinen Beruf ausüben oder ein Bankkonto eröffnen. Also: Allgemeine Bürgerrechte sind eine sehr junge Erscheinung.

Bürgerrechte sind historisch eine städtische Erscheinung. Neben diesen städtischen Organisationsformen mit Parlament oder Stadtrat und zeitlich befristeten Regierungen gibt es die aus den bäuerlichen Leben entwickelten Formen. Die Landsgemeinde, wie sie in Teilen der Schweiz noch heute besteht, ist eine andere Quelle der Demokratie. Hier haben sich Talschaften und Dörfer in Abständen zu Beschlussfassungen zusammen-gefunden, um ihre gemeinschaftlichen Entscheidungen zu beratschlagen und mehrheitlich zu treffen. Dazu waren kein Parlament und keine Regierung nötig, sondern es gab Abstimmung über Sachfragen, allerdings auch bis vor kurzem nur durch die Männer. Island ist in diesem Sinne die älteste kontinuierliche Demokratie mit seinem 800 Jahre lang tagenden Althing. Kriterium für das Stimmrecht war in der Schweiz, dem anderen alten Beispiel, das Recht des Tragens von Waffen. Diese Tradition hat bei der Gründung der modernen Schweiz im 19. Jahrhundert dazu geführt, dass direktdemokratische Strukturen geschaffen und in den bürgerlichen Staat integriert worden sind, die es anderswo nicht in dieser Form gibt. Vor allem nicht in dieser Lebendigkeit und Selbstverständlichkeit, wie sie dort die politische Kultur prägen.

Was sagt uns dieser kurze historische Rückblick? Was sagen uns diese Wurzeln aus dem Leben kleiner selbständiger Städte und noch kleinerer Landgemeinden angesichts von Millionenstädten und großen Flächenstaaten und internationalen Vernetzungen? Sie zeigen uns nicht die Details, aber die Prinzipien von Demokratie. Erstens: Jeder Bürger ist gleichberechtigt dabei, seit dem 20. Jahrhundert auch die Besitzlosen und die Frauen. Zweitens: Die Bürger entscheiden über alles, was die gemeinsamen öffentlichen Angelegenheiten betrifft. Drittens: allgemeine Bürgerrechte sind entstanden und existieren lebhafter in kleineren Einheiten. Viertens, wenn man den Blick aus der Geschichte in die Zukunft wendet: Alles andere ist eine Frage der angemessenen Organisation von Willensbildung und Entscheidungsfindung.

Gegenwärtig und für die Zukunft ist die Frage aktuell, welche Einwohner von Städten, Ländern und Staaten angesichts der heutigen starken Migrationsströme die vollen Bürgerrechte haben dürfen oder welchen sie zum Teil über Generationen hinweg nicht gegeben werden. Wann gehört einer gleichberechtigt dazu? Genügt es, dass er legal im Land geboren ist wie in den USA? Muss er einen anspruchsvollen Anerkennungsprozess durchlaufen wie bis vor kurzem in der Schweiz? Darf jemand – wie lange?- doppelte Bürgerrechte haben? Was ist auf diesem Feld demokratisch, wenn man das Zeitalter nationalistischer „Blutsunterschiede" für beendet halten, zugleich aber nationale Souveränität nicht auflösen möchte?

„Gast"aufenthalte, zeitweilige Arbeitsemigration, sind hier nicht gemeint; die darf und muss ein Staat selbstverständlich regeln und begrenzen. Gemeint ist die Frage, wann aus einem Gastaufenthalt das Bürgerrecht folgen darf oder muss. Welche sprachlichen Fähigkeiten dürfen, müssen dafür erwartet werden? Darf ein Staat dazu Forderungen an die Einwohner stellen und damit in ihre persönliche Freiheit eingreifen? Darf er umgekehrt dulden, dass nennenswerte Teile seiner Bevölkerung in kultureller Fremdheit oder sprachlicher Unfähigkeit verharren, nicht am gesellschaftlichen (und politischen) Leben teilnehmen (können) und so Parallelgesellschaften bilden? Nein, das darf er nicht. Gastaufenthalte ohne allmähliche kulturelle Assimilation müssen begrenzt sein und ein Mindestmaß kultureller Assimilation muss nach einer zu vereinbarenden Frist zum Bürgerrecht führen.

Eine ganz andere Beobachtung ist, dass die Souveränität des Bürgers durch die Professionalisierung des politischen Apparates zunehmend grundsätzlich infrage gestellt wird, weil nur „Experten" ausreichend kompetent seien. Die Meinungsmache in diese Richtung ist schon so weit fortgeschritten, dass manchmal kaum verhüllt die Lästigkeit von Bürgerwillen offen ausgesprochen oder als Populismus diffamiert wird. Dauert es nun nicht mehr lange bis der Bürger bald nur noch als Kunde der Politikergilde und der Fachleute betrachtet und damit quasi offiziell wieder als Untertan behandelt werden wird?

Dem muss entgegen gewirkt werden, denn der Bürger begegnet uns durch die Geschichte immer wieder als einer, der unabhängig und frei und gemeinsam mit seinesgleichen seine und die gemeinsamen Angelegenheiten regelt und den selbsternannten Obrigkeiten trotzt. Das muss so bleiben und ständig wieder belebt werden. Ohne freie und souveräne Bürger ist Demokratie undenkbar. Die Demokratie ist das System, in dem jeder erwachsene Mensch ein Bürger ist und jeder noch nicht erwachsene darauf vorbereitet wird.

Cultura

Demokratische Kultur umfasst mehr als das politische System

Ein demokratischer Staat, jede entwickelte Gesellschaft, ist auch eine Kultur, die in der Geschichte auf diesem Territorium gewachsen ist. Außenstehende mögen sich eine Meinung über die Kultur(en) der anderen bilden, haben sie aber praktisch zu respektieren, ebenso wie sie ihre eigene als Teilnehmer zu pflegen, zu erhalten und weiterzuentwickeln haben.

Der Ursprung des Wortes wurzelt wohl in der Agricultura. Techniken und Verhaltensweisen bei der Bebauung des Landes als Ernährungsbasis eines Volkes ermöglichen erst das Leben. Dem Land eine Lebensbasis abzugewinnen und es so zu pflegen, dass auch kommende Generationen noch leben können, ist ein komplexer Vorgang. Die Menschen haben sehr unterschiedliche Fähigkeiten entwickelt, um im Wald oder auf dem Feld, in den Bergen oder an der See, in Gebieten mit stark wechselnden Jahreszeiten und in Gebieten die ständig heiß oder kalt, nass oder trocken sind, ihr Leben und Überleben zu organisieren. Dazu müssen die Natur verstanden und das Gemeinschaftsleben strukturiert werden. So entwickelten die Menschen auch Kulte im engeren Sinn, in denen die Regeln der Gemeinschaft zum Überleben tradiert wurden. Auch die „schönen Künste" wurzeln schon hier als Teil der geistigen Auseinandersetzung.

Heute pflegen wir einen Kulturbegriff, der sich hauptsächlich auf die schönen Künste als etwas nicht Lebensnotwendiges bezieht und trennen ihn von der Wirtschaft als dem lebensnotwendigen Bereich ab, so als hätte der keine kulturelle Qualität. Uns so als sei künstlerische Qualität für zivilisiertes Leben verzichtbar. Kultur im weiteren Sinne meint aber die Art, wie gerade das alltägliche Zusammenleben als gemeinsame geistige Identität verstanden und gestaltet, gepflegt und präsentiert, tradiert und weiterentwickelt wird. Der Begriff Kultur hat etwas mit der Demokratie zu tun, weil beide das Zusammenleben regeln, Kultur in umfassenderem Sinn, Demokratie im begrenzteren politischen Bereich. Aber Demokratie nur als politisches System, als äußeres Regelsystem, wäre ein dünnes Eis, wenn es nicht von einem gesellschaftlichen Leben mit demokratischer Kultur als geistige Einstellung getragen werden würde.

Kulturen als umfassende Lebensweisen sind regional und national gewachsen und keineswegs statisch und unveränderlich. Sie müssen erlernt und verstanden werden, auch dann wenn sie nicht demokratische Umgangsformen beinhalten. Trotzdem sind sie Basis für jede Weiterentwicklung, auch in Richtung Demokratie, also in Richtung einer Entwicklung zu einer Kultur der Gleichwertigkeit aller Bürger. Nur politische Systeme „gerecht" organisieren zu wollen, führt nicht zu demokratischem Erfolg, wenn nicht die komplexe Lebenswirklichkeit der Bürger mit ihren kulturellen Traditionen und ihren individuellen Eigenheiten einbezogen wird. Das haben nicht nur Diktaturen erfahren, die an kooperativen Strukturen und dem Gerechtigkeitsempfinden im Volk gescheitert sind, sondern auch Versuche, Demokratie und Gleichheit von oben zu verordnen.

Demokratische Kultur weiß, dass jedem Menschen die gleiche Würde zukommt. Das erfordert grundsätzlich Respekt vor dem Beitrag und der Eigenheit eines jeden Einzelnen, auch wenn darin scheinbar oder wirklich undemokratische Überzeugungen enthalten sein mögen. Undemokratische Aktivitäten müssen zwar nicht geduldet werden. Aber nehmen wir nicht in unserem Denken oft schon weitreichende Wertungen von Menschen vor, wenn sie nur andere Ansichten äußern, neigen wir nicht dazu, solche Menschen für nicht weiter diskussionswürdig, wenn nicht gar minderwertig zu halten? Hier beginnt demokratische Kultur –oder sie findet nicht statt.

Angriffe auf die demokratische Kultur finden aktuell vor allem mit der Maske der – Demokratie! und der Gleichberechtigung statt.

Gleichberechtigung wird zunehmend missverstanden als Rücksichtslosigkeit gegen Unterschiede. So ist das Bildungswesen als zentraler Ort der Kulturpflege seit vielen Jahren ein Experimentierfeld, auf dem Errungenschaften unserer Kultur eingeebnet werden. Differenzierte Schul- und Hochschulsysteme werden als ungerecht torpediert, obwohl jede Durchlässigkeit gegeben ist. Die bislang entwickelten Differenzierungen im Schulsystem, angepasst an unterschiedliche Fähigkeiten und Bedürfnisse, geraten unter Beschuss, so als ginge es darum, im öffentlichen Schulsystem allmählich US-Niveau zu erreichen. Zugleich werden Zertifizierungs-etiketten und Punktesysteme installiert, um abzählbare Wissensbruchteile einstopfen und abweichende Ergebnisse aussortieren zu können. Nürnberger Trichter im 21. Jahrhundert. Nicht mehr der zu Erziehende steht im Blickfeld, sondern das für alle gleiche und deshalb ja „gerechte" Bewertungssystem. Das ist eine Kulturvernichtung, die mit der Brandschatzung von Agrikulturen im 30jährigen Krieg durch feindliche Truppen vergleichbar ist. Denn gerade in der Bildung als Basis der Kulturtradition ist die einzelne Persönlichkeit in ihrer Individualität zu erfassen – nicht um sie dann modisch sich selbst zu überlassen, sondern um sie gezielt in die Kultur einbeziehen zu können.

Nur aus einer lebendigen Kultur, in der personale Würde und Gemeinschaftssinn leben, kann Demokratie als politisches System wachsen und weiter entwickelt werden.

Datenspeicher

Die Zauberlehrlinge vernichten den Schutz der Persönlichkeit

Es war einmal eine Zeit, da hatten die Menschen ein Privatleben, wenn sie die Wohnungstür hinter sich schlossen. Außer mit angeordneter Hausdurchsuchung kam niemand hinein und selbst Briefe waren für niemanden außer dem Adressaten einsehbar. Auch Gespräche, Verabredungen, Handlungen fanden nur zwischen denen statt, die daran unmittelbar beteiligt waren. Damals konnten sich die Bürger gegenüber dem Staat als einigermaßen freie Wesen fühlen.

Nun wurden elektronischer Briefverkehr und „soziale" Netzwerke eingerichtet, die jedem Teilnehmer die Teilhabe an den weltweiten Datensystemen versprach, wenn er selber als Teilnehmer seine Türen öffnete, sozusagen ein halbes Königreich an Informationen gegen eine halbe Preisgabe der Privatsphäre. Anfangs wurde noch mithilfe von Verschlüsselungssystemen und dem Verbot allgemeiner staatlicher Datenspeicherung der Anschein erweckt, die Zugänglichkeit zum eigenen Datenraum ließe sich kontrollieren. Aber als 2013 spektakulär aufgedeckt wurde, dass big brothers Dienste längst alles speichern (können), was die Bürger weltweit elektronisch kommunizieren, gab es für den „Verräter" zwar einige Schwierigkeiten, aber nach kurzer Aufregung zuckte die Informationsgemeinde mit den Schultern und stellte fest, dass sie solche Datenüberwachung sowieso längst vermutet habe und dass es ihr zweitens auch ziemlich egal sei. Nicht lange zuvor hatte sich ja schon eine Partei der IT-Protagonisten in einige Parlamente wählen lassen, die geistiges Eigentum generell nicht spannender fand als einen verschütteten Liter Milch am andern Ende der Welt.

Inzwischen nimmt man zur Kenntnis, dass die rechtliche Basis für den Zugriff der Dienste schon vor Jahrzehnten von unseren Volksvertretern geschaffen und abgesegnet wurde. Selbst das Abhören befreundeter Regierungen durch US-Dienste bleibt nach ein paar diplomatischen Wellenschlägen praktisch folgenlos. Im Dezember 2013 publizierten 500 namhafte Autoren, darunter fünf Nobelpreisträger, weltweit einen Aufruf an alle Regierungen und Konzerne mit konkreten Forderungen zur Respektierung der Privatsphäre. Das ist erfreulich, aber es ist eben auch nur ein Aufruf, dessen Kraft vom dahinter stehenden Bürgerwillen abhängt. Immerhin gelang es dem mutigen und verfassungsloyalen Edward Snowden noch einige Zeit lang, das Thema in den Schlagzeilen zu halten.

Aber die geheimnisfreien Kommunikationsformen haben sich etabliert. Gewiss hat die beschleunigte und universale Kommunikation viele Vorteile. Dennoch ist man bei vielen Vorgängen auf Techniken angewiesen, die immer zugleich ein „cc" an zentrale Dienste tragen und wohl auch in Zukunft tragen werden. Das betrifft auch das Geschäftsleben. Wer mit seinem Vertragspartner Geheimhaltung oder Verschwiegenheit vereinbart (jeder Werkvertrag im Dienstleistungssektor tut das), der hat meist nicht an das cc für die Dienste gedacht, wenn E-Mail-Verkehr oder digitale Projektplattformen das Geschäfts-leben bestimmen. Der enorme Aufschwung der Wirtschafts-spionage durch die modernen Datentechniken ist ein massiv unterschätztes Problem. Dass hinter den großen Datenspeichern nicht für jeden einzelnen Vorgang tatsächlich ein Mensch sitzt, der voyeurhaft alles Lebendige zur Kenntnis nimmt, ist nur auf den ersten Blick ein Trost: Dafür wird es ja gespeichert. Alle Vorgänge sind bei Bedarf abrufbar, auch wenn 99 % davon niemanden interessieren, auch wenn für das letzte Prozent noch keine effektive Suchmaschine zur Verfügung stehen mag. Die Büchse der Pandora ist geöffnet.

Die Datenspeicherung in der freien Welt hat technische Möglichkeiten erreicht, von der eine Stasi oder ein George Orwell nicht einmal träumen konnten. Dort war Überwachung immer im Zusammenhang mit Diktatur vorgestellt. Heute erleben wir Überwachung mit demokratischen Vorzeichen. Freiwillig. Wir haben ja nichts zu verbergen. Wir ignorieren, dass alles gespeichert wird. Wir vertrauen darauf, dass wir im großen Datenmeer untergehen und nicht gesehen werden. Oder dass unsere Spuren dort niemanden interessieren, keiner sie richtig zuordnen wird, und wenn doch, dass wir bis dahin schon wieder woanders und dem Kontrolleur entwischt sind. Manche mögen sich für so schlau halten. Viele denken einfach: na und?

Nicht nur die technische Schwierigkeit, dass für das Eindämmen des täglichen Daten-Tsunamis bestenfalls Kinderspielzeug zur Verfügung steht, ist das Problem, sondern dass wir dies als Merkmal der modernen Zeit akzeptieren. Die Selbstverständlichkeit der Privatsphäre als Bestandteil der Freiheit und der Menschenwürde, erkämpft von unseren Vorfahren in langen Jahrhunderten, wird beinahe klaglos preisgegeben, damit man nicht zum medialen Analphabeten werde. Was heißt das für eine Demokratie, die wir uns nur mit freien und gleichberechtigten Bürgern vorstellen können?

Europa

Die EU ist ein schleichender Putsch gegen die Demokratie

Europa ist ein Kontinent, nicht ein Staat. Es ist ein Kontinent mit einer langen und vielgestaltigen Geschichte, mit unterschiedlichen Zivilisationen, mit einem Reichtum an technischen Innovationen, an politischen Systemen und an philosophischen, künstlerischen und religiösen Traditionen. Mit einer Vielzahl an kriegerischen Auseinandersetzungen, aber auch mit zahlreichen Beispielen für friedliche Kooperationen zwischen den Staaten. Mit einem Reichtum an unterschiedlichen Kulturen, die ihre eigenen Lebensweisen haben und pflegen. Bis heute.

In Europa wurde das politische System der Demokratie entwickelt aus den Anfängen der antiken Stadtstaaten über die mittelalterlichen Ständeordnungen und Landsgemeinden bis zur Idee der Rechtsgleichheit aller Bürger in den modernen Demokratien des 20. Jahrhunderts. Im 21. Jahrhundert treten andere geografische Zentren in den Vordergrund, die den europäischen Traditionen ferner stehen, China, Indien, die islamische Welt. Das wird gern als ein Grund dafür genommen, dass die europäischen Länder sich zusammenschließen und ihre angeblich zu kleinteiligen staatlichen Ordnungen überwinden müssten, um als Machtblock global bestehen zu können. Wie ist diese machtpolitisch begründete politische Zentralisierung unter dem Gesichtspunkt der Demokratie zu sehen?

Gern wird argumentiert, der supranationale Zusammen-schluss EU diene dem Frieden. Man hört aber auch das ehrlichere Argument, große staatliche Einheiten seien stärker als kleine, deshalb müssten die kleinen Einheiten überwunden werden. Stärker für was? Die Schweizer Eidgenossenschaft ist eine der global konkurrenzfähigsten Nationen mit der höchsten Industrieproduktion pro Kopf der Bevölkerung weltweit und einem der höchsten Lebensstandards für die breite Bevölkerung. Sie ist wehrhaft neutral und friedlich. Die

EU-Staaten dagegen schlingern durch wirtschaftliche Krisen und haben ihre bewaffneten Soldaten in anderen Kontinenten stehen. Frieden und allgemeiner Wohlstands können – bei Kenntnisnahme der Realität – also nicht Ziel der Zentralisierung sein.

Offensichtlich geht es um die Stärke der großen Wirtschaftseinheiten, der Konzerne und Banken. Das ist zumindest das Ergebnis des Prozesses, wenn man unvoreingenommen hinschaut. Die Machtkonzentration bei einer administrativen Oligarchie erleichtert und fördert auch die Kriegsführung nach außen. Das ist für jeden, der noch über wenige Jahrzehnte Erinnerung verfügt, offensichtlich. Wenn Taten zählen, dann geht es um das Wachstum wirtschaftlicher Großeinheiten mit militärischer Flankierung und um Marginalisierung der Schwächeren. Früher nannte man das Imperialismus.

Vielfalt und Unterschiedlichkeit stören die Effektivität der ökonomischen Prozesse, heißt es. Das ist nur dann wahr, wenn die ökonomischen Prozesse aus einer Vogelperspektive betrachtet werden, aus der Perspektive der Vorstandsebenen. Der Alltag der Bürger, die möglichst selbständig ihr Leben organisieren wollen, ist durch dieses umgedrehte Fernglas kaum sichtbar. Die Bürger sind es auch nicht, die diesen Prozess vorantreiben. Hat es etwa Volksbewegungen gegeben zugunsten der EU wie es im 19. und auch noch im 20. Jahrhundert Volksbewegungen in einzelnen Staaten gegeben hat zugunsten nationaler Einheit und demokratischer Souveränität? Haben die Souveräne der einzelnen Nationen ihren Repräsentanten das Recht gegeben, Souveränität abzutreten?

Dennoch findet eine Gleichschaltung der Gesetzgebung statt. Nationale Gesetze werden in hohem Maße aus EU-Richtlinien gespeist, die national umgesetzt werden müssen. Nationale Gesetze, die dem widersprechen, werden „angepasst" oder kassiert. Dabei handelt es sich nicht nur um übergeordnete Themen, die national allein nicht regelbar sind, sondern um alles, um den Krümmungsradius der Gurke, das Verbot der Glühbirne, die regionalen und kommunalen

20

Vorgaben für Maßnahmen der Lärmminderung, zu allem gibt es EU-Richtlinien, denen sich nationale Gesetze und Verwaltungen anpassen müssen. Sogar in der Recht*sprechung* maßt sich der EU-Gerichtshof inzwischen Einspruch in die kommunal geregelte Verteilung der Sozialhilfe an. Die Beispiele aus allen Lebensbereichen wären Gegenstand für ein eigenes umfangreiches Buch, nein, für eine ständig wachsende Bibliothek.

Hauptmotiv dieser Regelungen ist der freie Warenverkehr, der einheitlicher und flüssiger werden soll, weshalb einheitliche Messlatten und Etikettierungen an alles gelegt werden, was Ware sein kann. Und was kann nicht Ware sein oder dazu gemacht werden? Bis hin zu den Schulen, den Krankenhäusern, die unter oberflächliche Zertifikate subsumiert und handelbar gemacht werden. Produkte und Dienstleistungen, gesellschaftliche Aktivitäten aller Art werden in Waren verwandelt, um Gegenstand von Handel und Profit sein zu können. Die supranationale „Optimierung" des Warenverkehrs durch Abschleifen nationaler Besonderheiten, das Schaffen neuer Geschäftsfelder durch Verwandlung möglichst aller Aktivitäten in einen Warenverkehr gehen Hand in Hand. Der Aufbau der EU mit all ihren Etikettierungs- und Zertifizierungsprogrammen ist der politische Rahmen für diesen Prozess. Karl Marx wusste nicht, wie umfassend recht er behalten würde, als er 1859 den ersten Satz seines „Kapital" schrieb: „Der Reichtum der Gesellschaften, in welchen kapitalistische Produktionsweise herrscht, erscheint als eine ungeheure Warensammlung."

Die manchmal geäußerte Kritik, dass die wirtschaftlichen Aktivitäten durch die EU deshalb ein Fehler seien, weil ja zuerst die politische Einheit hätte hergestellt werden müssen, greift zu kurz. Die Absicht ist eine andere. Eine politische Einheit im demokratischen Sinne ist von den EU-Akteuren gar nicht angestrebt: die geschaffenen Strukturen ohne Gewaltenteilung und ohne Volkssouveränität zeigen es ja. Angestrebt ist ein Wirtschaftsraum, der möglichst ohne politische Prozesse im Sinne öffentlicher Meinungsbildung und demokratischer Entscheidung funktioniert. Angestrebt ist ein Wirtschaftsraum, der ein öffentliches Leben im bürgerlich-demokratischen Sinn gar nicht mehr braucht.

Es geht nicht um ein besseres oder größeres politisches System der Demokratie, sondern um die Konstruktion einer großen europäischen Firma, in der politische Systeme nur noch im Sinne von Verwaltungsapparaten zur Durchsetzung zentraler Entscheidungen gebraucht werden. Mit einem mächtigen und absolutistisch organisierten Vorstand, der seit 2012 unter dem Arbeitstitel „Europäischer Stabilitätsmechanismus" installiert wird. Ob man dem neuen System eines Tages den Namen Vereinigte Staaten von Europa geben wird, ist für Demokraten ohne Belang: Diese Staaten sind dann keine Demokratien mehr, sondern ausgeweidete Kadaver. Unselbständige Verwaltungsapparate.

Gegenentwurf: Es gab und gibt immer Möglichkeiten, die Zusammenarbeit der Nationen konstruktiv zu organisieren, ohne dabei deren Souveränität aufzugeben. Die übrig gebliebenen Mitglieder der Freihandelszone EFTA verfügen bis heute über prosperierende Wirtschaften - ohne Aufgabe von Souveränität und eigener Währung. Wer an einem demokratischen Europa interessiert ist, könnte auch den Europarat stärken im Sinne eines Ortes, an dem die souveränen Staaten sich über bessere demokratische Lebensformen austauschen, um diese dann einzeln, souverän und ohne internationalen Mehrheitsentscheid auf ihrem eigenen kulturellen Boden zu realisieren. Europa kann und muss ein Kontinent der souveränen Demokratien bleiben und werden.

Föderalismus

Dezentrale Souveränität sichert die bürgerliche Freiheit

Dem Wortsinn nach ist eine Föderation ein Zusammenschluss von gleichberechtigten Einheiten. Im Sprachgebrauch wird mit Föderalismus gemeint, dass nicht nur ein zentraler Bundesstaat das politische Leben regelt, sondern dass dieser aus kleineren Einheiten besteht, die ein eigenes politisches Leben haben. Darin leben zum Teil historische Geschichten und Machtkonstellationen weiter, aber immer auch der Gedanke, dass Demokratie in kleineren Einheiten besser aufgehoben ist. Es lebt darin der Subsidiaritätsgedanke, dass demokratische Einheiten ihre Befugnisse nur soweit nach oben abgeben, wie es sachlich, nicht machtpolitisch erforderlich ist.

Die Vereinigten Staaten von Amerika sind zum Beispiel föderal organisiert. State ist hier der Bundesstaat mit weitgehenden eignen Rechten und Hoheiten, die föderale Ebene darüber (Union) regelt gemeinsame und internationale Interessen. So kennen die USA eine Legislative aus zwei Kammern (Kongress), von denen die eine die Bundesebene (Repräsentantenhaus), die andere die der Einzelstaaten (Senat) vertritt; hier wird jeder Staat unabhängig von der Bevölkerungs-zahl von zwei Senatoren vertreten. Jeder einzelne Staat hat damit einen gleichrangigen Wert.

Die Schweiz ist ähnlich organisiert, Der Kanton wird als eigentlicher Staat verstanden, der Bund darüber regelt gemeinsame und internationale Interessen bei hohem Selbstbestimmungsgrad des Kantons. Auch hier hat jeder Kanton in der Ständekammer gleiches Stimmrecht, unabhängig von seiner Bevölkerungszahl.

Auch im United Kingdom gibt es zwei Kammern, wobei das Oberhaus hier nichts mit Regionalvertretung zu tun hat, sondern ein inzwischen weitgehend entmachteter Ort der Adelsvertretung ist. UK wird aber aus vier Nationen gebildet, die sich bis hin zu vier Fußballnationalmannschaften als sehr eigenständig verstehen. Dabei werden noch einmal Zwischendifferenzierungen gemacht: die drei britischen Nationen bilden Great Britain, zusammen mit der nordirischen Provinz Ulster wird es das United Kingdom. Diese Strukturen erzählen von vergangenen Machtkämpfen und Kriegen.

Das französische Zweikammersystem kennt einen Senat als Oberhaus, in dem Vertreter von Gemeinden, Departements und Regionen sitzen. Dieser Senat hat aber kaum Machtbefugnisse gegenüber der Nationalversammlung (Legislative). Das erzählt eine andere Geschichte. Der französische Zentralstaat ist eine historische Tradition, welche die Große Revolution nach 1789 vom Absolutismus der frühen Neuzeit übernommen hat.

Unser Grundgesetz hat den föderalen Gedanken aufgenommen. Hier ist geregelt, dass die Bundesländer die Gesetzgebungskompetenz haben. Der Bund hat die Gesetzgebungskompetenz nur für bestimmte Themen, die im Grundgesetz namentlich benannt sind. Außerdem gibt es eine „konkurrierende" Gesetzgebung von Bund und Ländern, die von beiden beschlossen werden muss. Das ist eine im Grundsatz sehr demokratische Struktur. Die Ländervertretung Bundesrat verfügt aber über kein eigenes unabhängiges „Personal", sondern wird gebildet aus den Länderregierungen, also aus Exekutiven. Die Länder haben ein ungleiches Stimmrecht (3 bis 6 Stimmen) für die unterschiedlich großen Bundesländer. Damit hat ein Bürger aus Bremen etwa 15mal so viel Gewicht wie einer aus Nordrhein-Westfalen, ein Verhältnis wie es auch in den USA oder der Schweiz vorkommt.

Der Bundesrat ist im öffentlichen Bewusstsein zwar bekannt, aber kaum als ein politisches Organ des Landesvolkes, das es vertreten soll, sondern als ein konkurrierender parteipolitischer Machtblock. Damit ist der Gedanke, dass die „unteren" politischen Einheiten für die Demokratie lebenswichtige Elemente sind, in Deutschland nur schwach verankert. Dieses schwache System föderaler Vertretung wirkt eher als Stärkung obrigkeitsstaatlicher Einstellungen, die in Deutschland ohnehin verschiedene starke Wurzeln und Traditionen haben.

Eine wachsende Vielfalt bürgerschaftlicher Initiativen bewegt sich leider oft außerhalb der politischen Institutionen. Das führt zu der Frage, ob nicht neue föderale Formen der Willensbildung zu schaffen sind. Die föderale Ordnung ist in unserer Verfassung zwar zwingend vorgeschrieben, die Art ihrer Vertretung gehört aber nicht zu den unveränderlichen Artikeln. Eine andere, bessere, direktere Form, Länderinteressen auf Bundesebene zu vertreten, wäre bei Zweidrittelmehrheit im Bundestag erlaubt. Es lohnt sich, über eine weniger auf Exekutive und Parteien basierte föderale Organisation nachzudenken.

Statt dessen beobachten wir im Gegenteil den Versuch, den föderalen Gedanken propagandistisch auf die nächste Ebene zu heben und damit zugleich auszuhebeln: Nation mit internen (heute störenden) Nationen war gestern, heute gibt es Europa mit (ehemaligen) Nationen als neuen Untereinheiten. Die Souveränität der Bundesländer gilt vielen schon lange als überholt. Das ist eine Pervertierung von föderaler Demokratie, eine Entmachtung der unteren Ebenen zugunsten eines faktischen Zentralstaates, der nicht demokratisch organisiert ist und Gewaltenteilung ebenso missachtet wie Subsidiarität.

Die Idee des Föderalismus besteht aber darin, die Souveränität auf den „unteren Ebenen" zu halten und nur übergreifende Themen „nach oben" zu delegieren, ohne dabei auch nur ein Stück eigene Souveränität abzugeben. Demokratischer Föderalismus muss die oberen Ebenen von Gnaden der unteren leben lassen, nicht umgekehrt.

Genossenschaft

Gleichberechtigung gilt unabhängig von wirtschaftlicher Stärke

Genossenschaften kennen wir als besondere Wirtschafts-formen vor allem aus der Landwirtschaft als Winzer-genossenschaften oder als andere Produktions- oder Vertriebsorganisationen, vielleicht auch aus dem Bereich moderner Technologien, in denen es ebenfalls genossenschaftliche Organisationsformen gibt. Ist die Genossenschaft nur eine wirtschaftliche Organisationsform und damit so etwas Ähnliches wie eine GmbH, oHG, KG, AG?

Nein. Sie unterscheidet sich zum einen im Grundgedanken des Zusammenschlusses, zum anderen im Zweck, der nicht auf erfolgreiches Wirtschaften allein beschränkt ist. Der Grundgedanke des Zusammenschlusses ist der der Gleichheit. Die Genossen verabreden einen Zweck, den sie verfolgen, geben materielle Einlagen nach ihren individuellen Möglichkeiten und Entscheidungen und haben bei Beschlüssen zur gemeinsamen Sache gleiches Stimmrecht. Unabhängig von ihrer Einlage. Also grundverschieden von einer Aktiengesellschaft.

Der Zweck des Zusammenschlusses ist zwar oft eine wirtschaftliche Aktivität. Es geht dabei aber nicht primär um das Erzielen von Gewinn, sondern um das Ermöglichen und Organisieren von gemeinschaftlichen Aufgaben. Das kann landwirtschaftlicher Vertrieb, Wohnungsbau, neue Technik oder die Gründung einer gemeinsamen Bank zur Kreditvergabe für gemeinschaftliche, auch soziale oder kommunale Projekte sein, wie das beim Gründer der modernen Genossenschaftsbewegung Friedrich Wilhelm Raiffeisen der Fall war. Es gibt sogar einen ganzen Staat, der sich als Genossenschaft versteht, als Eidgenossenschaft.

Das Genossenschaftsprinzip ist die Urform der Demokratie. Alle Mitglieder haben unterschiedliche Fähigkeiten, leisten unterschiedliche Beiträge, qualitativ wie quantitativ, und haben „trotzdem" gleiche Rechte bei den Entscheidungen, die die gemeinsame Sache betreffen. Die genossenschaftliche Organisation ist in verschiedenen Detailausprägungen eine uralte Form der menschlichen Aktivitäten in ihrem Zusammenleben. Elinor Ostrom hat sie untersucht bis in ihre vorgeschichtlichen Wurzeln und ihre weltweite Verbreitung bis heute. In Kenia geschieht die Produktion mancher landwirtschaftlicher Produkte bis zu drei Vierteln in Genossenschaften, in Brasilien sind 40 % der gesamten Landwirtschaft genossenschaftlich organisiert und in Bolivien ist jeder dritte Bürger Mitglied einer Genossenschaft. Um nur einige Beispiele zu nennen.

Hier soll aber nicht nur die wirtschaftliche Bedeutung hervorgehoben werden, sondern die politische: Genossenschaft ist der Gegensatz von Herrschaft. Das sind die zwei grundlegenden und grundverschiedenen Formen der menschlichen Zusammenarbeit, die sich durch die ganze Geschichte der Menschheit ziehen. Man könnte sie als die beiden Hauptmöglichkeiten der gesellschaftlichen Organisation bezeichnen, die der Mensch hat. Als die beiden Pole, zwischen denen die Geschichte real verlaufen ist in immer unterschiedlichen Mischungen. Man kann die These wagen, dass die genossenschaftliche Form der Zusammenarbeit der Natur des Menschen näher liegt, vorausgesetzt jeder Einzelne hat ein höheres Maß an Verantwortungsbewusstsein als es bei dem Modell Herrschaft – Untertan erforderlich ist.

Auch Herrschaft kann wirtschaftliche und politische Aktivitäten umfassen. Die meisten Wirtschaftsunternehmen sind Organisationen der Herrschaft, was mit teils dem Eigentumsrecht, teils auch mit funktional erforderlichen Hierarchien begründet ist. Solche Unternehmen erscheinen manchen, vergleicht man es mit dem politischen Leben, wie kleine Königreiche oder wie eine Oligarchie. Allerdings darf der Unterschied nicht übersehen werden, dass in der Demokratie die Bürger auf dem Umweg über die Gesetzgebung Einfluss auf die unternehmerische Freiheit nehmen können.

Demokratie kann als Ausweitung des Genossenschaftsprinzips auf alle öffentlichen Angelegenheiten verstanden werden. Die politische Bedeutung der Genossenschaft besteht darüber hinaus in einem anderen Bewusstsein: Das Denken ist hier „aus einem anderen Holz geschnitzt". Wer sich beruflich, in seiner Gemeinde oder gar in seinem ganzen Staat als Genosse bewegt, dem fällt es schwerer, Herrschaft ausüben zu wollen. Der hat dafür kein Verständnis. Ebenso wenig will er Herrschaft erleiden. Er will unter sich keinen Sklaven sehn und über sich keinen Herrn, sang Bertold Brecht. Weil der Mensch ein Mensch ist. Nicht zufällig ist die Schweiz auf internationaler Ebene neutral und das Gegenteil von kriegerisch. Alle paar Jahre wählen gehen zu dürfen, ist eine schwache Prävention gegen Herrschaftsdenken. Alltägliche gleichberechtigte und wirkungs-volle Teilnahme am öffentlichen Leben wirkt in stärkerem Maß antiherrschaftlich. Demokratisch eben.

Haushalt

Über seine Mittel bestimmt der Bürger auch direkt

Das Haushaltsrecht gilt als „Königsrecht" des Parlaments. Gerne wird bei diesem Thema an die schwäbische Hausfrau erinnert, die nicht mehr ausgibt als sie einnimmt und lieber etwas auf die hohe Kante legt als Schulden zu machen. Eine richtige Assoziation, die von den Politikern aber zunehmend als unzeitgemäß gewertet wird.

Zunächst: Wer entscheidet über den Haushalt? Natürlich das Parlament. Eine Volksvertretung ohne uneingeschränktes Haushaltsrecht wäre keine Vertretung eines souveränen Volkes. Wer sollte das Recht über das Gemeinschaftseigentum (den Fiskus) haben, wenn nicht das Parlament als jeweils zentraler demokratischer Ort auf kommunaler, auf regionaler, auf Bundesebene? Die Exekutive? Der Finanzminister? Ein Bankenkonsortium? Solche Institute mögen das Vermögen kommissarisch verwalten, die Geschäfte führen, aber nicht das letzte Wort sprechen. Außer es fand ein Putsch statt und der Souverän „Volk" wurde abgesetzt.

Aber nicht einmal das Parlament kann das letzte Wort haben. Dort sitzen Beauftragte des Volkes, sie sprechen in seinem Namen nur solange dieses nicht selbst spricht. Das ist sogar grundgesetzlich vorgesehen: Das Volk übt „seine Gewalt" in Wahlen (von Repräsentanten) und Abstimmungen (zu Sachfragen) aus, Art. 20 GG. Leider sind die Abstimmungen bundesweit bis heute nicht gesetzlich geregelt. Auf Landes- und kommunaler Ebene gibt es Abstimmungsregelungen, die allerdings gerade direkte Haushaltsentscheidungen ausschließen. Warum haben die Länderverfassungen das bisher so geregelt? Demokratie kann und muss für das Volk gerade auch direkte Haushaltshoheit beinhalten. Wer das für utopisch oder anarchisch hält, möge die Schweizer Geschichte und Gegenwart studieren. Ist die Schweiz eine Anarchie?

Gerade die Frage der Verschuldung könnte bei stärkerem direkten Einfluss des Volkes vernünftiger funktionieren –was ebenfalls die Schweiz zeigt. Aber der schuldenfreie Staatshaushalt ist hierzulande fast schon eine Witznummer. Viele Politiker wollen ihn auch gar nicht. Es gibt schließlich entsprechende Lehrbücher als Argumentationshilfen zum Schuldenmachen. Schon zur Zeit der Weltwirtschaftskrise 1929 war Keynes' Theorie bekannt, dass durch Ausgaben und Schulden des Staates die Wirtschaft anzukurbeln sei, wodurch die Kaufkraft steige, der Umsatz floriere, die Einnahmen auch des Staates wieder zunähmen, sodass die Schulden schließlich und theoretisch wieder abgetragen werden könnten. Vor allem sozialdemokratische Politiker haben diese Theorie –und Praxis- jahrzehntelang gepflegt, ohne zu beachten, dass meistens nur der erste Teil funktioniert hat. Vielleicht hilft es, sich gedopte Sportler vorzustellen, um zu verstehen, dass solche Strategien nicht von alleine aufhören, sondern einfach mal verboten werden müssen.

Beim Schuldenmachen muss auch an Kriegswirtschaften erinnert werden. Hitlers Wirtschaftsbevollmächtigter und vorheriger Reichsbankpräsident Hjalmar Schacht betrieb zur Aufrüstung deficit spending – mit bekanntem Ergebnis. Seit Jahrzehnten praktizieren es die USA zur Finanzierung ihrer Kriege und zur Stützung ihrer schwachen Währung – mit bekanntem Ergebnis. Seit einiger Zeit praktiziert die EU eine kombinierte Kriegs- und Friedensverschuldung – blutige Kriegsfolgen und ruinierte Volkswirtschaften können wir längst beobachten.

Das ist nichts Neues. Die Fugger finanzierten vor 500 Jahren eine Zeit lang den Kaiser – bis zu ihrem eigenen Bankrott. Heute sind es Banken, die Geld drucken oder Nullen in die Bücher schreiben, nahezu unabhängig davon, welche Werte (nicht) dahinter stehen. Geschichte ist nicht immer erfinderisch. Erfinderisch sind die handelnden Personen nur darin, Opfer zu finden, die ihre Zeche zahlen. Der erste Schritt zur Unterwerfung ist dabei die Ermutigung

zum Schulden-machen. Das Vorgehen ähnelt dem eines Drogen-
dealers, der seine Kunden gratis anfixt, bevor er zur Sache kommt.

Unsere Volksvertreter institutionalisieren unterdessen einen „Europäischen Stabilitäts-Mechanismus", der sich unangreifbare Haushaltsrechte anmaßt und sich gegen das Eingreifen der demokratischen Souveräne absichert. Keiner der Gläubiger glaubt daran, dass
die Kreditgebirge abgetragen werden. Das ist auch nicht das Ziel.
Ziel ist die Stabilisierung der Kommandoposition der Geldverleiher
über die Realwirtschaft. (Nebenbei: Statt die reale Wirtschaft ausdrücklich „Realwirtschaft" zu nennen, sollte man sie einfach wieder
als das benennen was sie ist: Wirtschaft, und die Finanzwirtschaft
ehrlicher als Fiktiv- oder neudeutsch Fake-wirtschaft kennzeich-
nen.)

Nachdem früher einzelne Drittweltländer in die Schuldknechtschaft
genommen worden sind, um ihre Rohstoffe oder Obstplantagen
ausbeuten zu können, sind es nun zunehmend Erstwelt-/ Industrieländer, die dem Diktat der Finanzwirtschaft unterworfen werden.
Dabei trifft die Bezeichnung Industrieland heute auf Staaten wie
Frankreich, England oder USA übrigens weit weniger zu als auf
sogenannte Schwellenländer. Ist es ein Zufall, dass gerade diese drei
ehemaligen Industrieländer immer in der ersten Reihe stehen, wenn
mal wieder ein Krieg auf die Tagesordnung gesetzt und die nächste
Schuldenspirale angeschoben wird? Solide Haushaltspolitik erfordert den direkten Zugriff des Souveräns auf den Haushalt. Dann ist
sie zugleich auch Friedenspolitik.

Initiative

Ohne persönliche Initiativen lebt keine freie Gesellschaft

Initiative zu ergreifen ist ein fundamentales Merkmal nicht nur des Menschen, sondern jedes Lebewesens. Beim Menschen ist die Vielfalt möglicher Initiativen unendlich komplex. Initiative ergreifen muss jeder, der überleben will von frühester Kindheit an. Beim Säugling reicht die Eigeninitiative allein dafür noch nicht aus, aber ohne sie ist auch er verloren. Das Erwachsenwerden wird daran gemessen, dass man ohne unmittelbare Elternhilfe in seiner sozialen Umgebung zu überleben in der Lage ist, dass man sich im kulturellen Umfeld von Beruf und Gewerbe, Familie und Freunden selbständig bewegen kann.

Auf mindestens zwei Hauptgebieten muss der Mensch seine Initiativen zu sortieren lernen: im Umgang mit der Natur und im Umgang mit den Menschen. Beide braucht er zum Überleben. Die Menschen noch mehr, denn auch den Umgang mit der Natur lernt er im Umgang mit den Menschen. Ein heute neu geborenes Individuum muss im Lauf seines Lebens ja nicht den Ackerbau oder das Telefon neu erfinden, sondern es muss sich das in vielen Generationen erworbene Wissen und Können (Teile davon!) aneignen, um es dann eigeninitiativ anzuwenden, für sich zu nutzen und erforderlichenfalls weiter zu entwickeln.

Aber immer ist die Initiative zunächst eine individuelle Entscheidung, sie hat im Kern meist nichts mit Demokratie zu tun. Sie fragt nicht als erstes nach Mehrheiten, sondern nach der Lösung einer Aufgabe. Sie kann sich auf das enge persönliche Umfeld beziehen, aber darüber hinaus auch Ideen für das allgemeine Zusammenleben betreffen. Projekte, die aus Initiativen entstehen, leben oft längere Zeit in Nischen oder im Abseits politischer Entscheidungen. Irgendwann werden sie vielleicht öffentlich und so allgemeingültig, dass sie Verständigung und gemeinsame Entscheidung erfordern.

Das kann wirtschaftliche, kulturelle, gemeinnützige Projekte betreffen (kriminelle Projekte bleiben hier außer Betracht), die eines Tages vielleicht Gegenstand politischer Entscheidung werden. Dafür müssen sie aber erst einmal existieren! Ohne persönliche Initiativen gibt es weder zivilisatorischen Fortschritt noch Demokratie.

Die Freiheitlichkeit einer Gesellschaft kann daran gemessen werden, welchen Raum sie der Initiative des Einzelnen lässt. Freie Initiative des Einzelnen ist aber nicht schon identisch mit Demokratie. Sonst gälte das „Gesetz" des Dschungels, das „Recht" des Stärkeren, der rücksichtslose Kapitalismus. Der hat zwar auch heute noch manche Fürsprecher, akademische und politische. Freiheit zur Eigeninitiative und Demokratie geben aber nur dann einen Reim, wenn die Eigeninitiative das Gemeinwohl im Blick- und Handlungsfeld hat und sich daran orientiert. Ein Initiativrecht, welches zum Beispiel freies Unternehmertum ohne lästige Arbeitsschutzbestimmungen fordert und praktiziert, ist nichts anderes als eine Kriegsführung mit wirtschaftlichen statt mit militärischen Mitteln, eine Missachtung der Menschenwürde. Umgekehrt ist eine Diktatur, welche Gewerbefreiheit und künstlerische Aktivitäten nahezu verbietet und das Privatleben reglementiert, ebenfalls ein Angriff auf die Würde und das Recht des Menschen. Initiative ergreifen zu dürfen ist in der Demokratie ebenso notwendig wie es notwendig ist, größere überpersönliche Projekte mit den Betroffenen zu beratschlagen und gemeinsam zu beschließen.

Unternehmerische Initiativen im wirtschaftlichen Bereich begründen den wirtschaftlichen Wohlstand. Aber hier sind der demokratische Rechtstaat ebenso wie das individuelle Bewusstsein gefordert: der Staat darf nicht nur, er muss Regeln setzen, die ein Gleichgewicht zwischen technischer und kaufmännischer Freiheit einerseits und Schutz von Mensch und Natur andererseits festlegen. Er muss Herrschaft im wirtschaftlichen Bereich genossenschaftlich begrenzen. Und der Einzelne muss solche Werte verinnerlichen, denn mit

Polizei und Staatsanwaltschaft allein sind sie nicht durchzusetzen. Ohne diese allerdings auch nicht.

Beispiele für Fehlentwicklungen sind sowohl rechtlose Produktionszustände, wie sie von global tätigen Unternehmen vielerorts praktiziert werden, als auch klassische Diktaturen, die den Menschen detailliert vorschreiben, was sie zu tun oder zu lassen haben. Dem ersten fehlt die Menschenwürde in sozialer Hinsicht, dem zweiten in freiheitlicher Hinsicht. Die DDR war ein Beispiel, bei dem der früher erarbeitete technische und soziale Wohlstand Ostdeutschlands usurpiert, zentralistisch verwaltet und nur geringfügig weiterentwickelt wurde – bis er aufgebraucht war. Und bis in einem historisch günstigen Moment die Geduld der Bürger mit der fehlenden Freiheit aufgebraucht war.

Venezuela ist ein anderes Beispiel. Hier ist der Erdölreichtum Quelle von Wohlstand. Zentral verwaltet und als soziale Unterstützung verteilt, wird kurzfristig Armut gelindert, aber zugleich ein initiativer Mittelstand zunehmend vernichtet. Die Bevormundung entzieht nachhaltigem Wirtschaften den Boden und die Wirtschaftsdaten bestätigen spätestens seit 2013 (Todesjahr von Präsident Chavez) galoppierende volkswirtschaftliche Defizite trotz Rohstoffreichtum. Soziale Fürsorge wird dann zum lähmenden Gift gegen die natürliche Initiative des Menschen, wenn die Bekämpfung von Armutssymptomen aus dem Motiv staatlicher Kontrolle und Machterhaltung unter Ausschaltung des initiativen wirtschaftlichen Mittelstandes geschieht.

Ständige Rückbindung von persönlichen Initiativen macht das Leben grau und langweilig. Es fehlt die Phantasie der Vielen, wenn Wenige autokratisch die Regeln bestimmen. Es fehlt die Phantasie der Einzelnen, die die täglichen Aufgaben besser erkennen als ferne politische Entscheidungsträger. Es fehlt die Spontaneität des gesellschaftlichen und kulturellen Lebens, wenn immer erst Beschlüsse eines Zentralkomitees abzuwarten sind. Initiativen gehorchen nicht als erstes demokratischen Regeln. Tatsächlich sind sie aber ihre Lebensquelle. Sofern sie nicht selbst zu diktatorischen Mitteln greifen.

Justitia

Gerechtigkeit muss Freiheit und Gleichheit sichern

Gerechtigkeit ist ein alter und vielschichtiger und schwer zu fassender Begriff. Er ist in allen Kulturen, in allen Gesellschaften, in allen Staaten zu Hause. Zuerst meint er eine Vorstellung, die jeder einzelne davon hat, was richtig und falsch sei. Das kann in verschiedenen Gesellschaften sehr verschieden sein und selbst innerhalb einer Gesellschaft können die Menschen unterschiedliche Vorstellungen davon haben. Ein universell gleiches Rechtsempfinden ist in der bisherigen Menschheitsgeschichte eine Utopie. Tatsächlich findet der eine es ungerecht, wenn ihm staatliche Unterstützung entzogen wird, während der andere es ungerecht findet, wenn sie gegeben wird. Ganz zu schweigen davon, dass in einer Kultur zum Beispiel die Selbständigkeit der Frau als selbstverständliches Recht gilt, während es in einer anderen Kultur bereits als Unrecht empfunden wird, wenn die Frau auch nur allein auf die Straße geht.

Die Völker haben sich Rechtsnormen gegeben, mit denen sie die Vorstellung von Gerechtigkeit in Regeln und Institutionen fassen. Rechtsnormen sind wesentlich älter als Demokratien. Sie wurden früher von herrschenden Minderheiten gesetzt und haben sich manchmal, wenn sie lange Zeit galten, so eingeprägt, dass sie allgemein akzeptiert und eben als gerecht betrachtet wurden. Demokratisches Recht werden sie allein durch allgemeine Anerkennung aber nicht. Demokratisches Recht kann nur etwas sein, welches gleiches Recht für alle setzt und die Würde jedes Einzelnen gleich achtet. Damit ist ein Axiom postuliert, welches über einem Mehrheitswillen steht.

Der Ursprung demokratischer Bewegungen war immer mit dem Kampf um allgemeine Rechtsetzung verbunden. Das Parlament als jedem und jeder zugänglicher Ort der Rechtsetzung, als unabhängige Legislative, ist daher ein Kern der Demokratie. Rechtsetzung allein macht aber noch keine Demokratie, sondern verhindert nur Rechtlosigkeit. Auch Diktaturen können Rechtsstaaten (im Unterschied zu purer Willkür) sein, nur dass deren Recht dann eben nicht demokratisch legitimiert ist. Überall sind wirtschaftliche Tätigkeiten auf Verlässlichkeit angewiesen. Die Ausbildung von jungen Menschen, die Regelung von Sozialversicherungen, wirtschaftliche Investitionen und vieles andere sind auf rechtliche Verlässlichkeit angewiesen, auch in Diktaturen. Beispiele für Stagnation und Niedergang von Gesellschaften ohne Rechtssicherheit sind leicht und zahlreich zu finden. Das Gegenteil ebenso.

Justitia heißt auch Rechtsprechung. Sie ist in Demokratien getrennt von der Rechtsetzung. Die Justiz legt das gesetzte Recht aus und wendet es an, macht es aber nicht selbst. Dieser Gewaltenteilung liegen historische Erfahrungen zugrunde. Fallen Rechtsetzung und Rechtsprechung und womöglich noch Regierung in eine Hand, so gibt es keinen institutionellen Schutz gegen die Willkür von Herrschern. Diese Gewaltenteilung ist daher ein institutionelles Merkmal von Demokratie.

Soweit sind diese Ausführungen wohl Konsens unter Demokraten. Daher gehen wir einen Schritt weiter und fragen, welche Themen überhaupt Gegenstand von Rechtsetzung werden sollen. Alles, was das Volk bzw. seine legitimen Vertreter beschließen? So einfach ist es nicht. So stehen die allgemeinen Menschenrechte, die persönliche Freiheit „zu Recht" nicht zur Disposition. In einer demokratischen Gesellschaft muss Raum für freie Entwicklungen sein. Gesetze können auch zum Korsett werden, die das Leben unnötig behindern. Ist es nötig, um nur ein Beispiel zu nennen, dass einem Hausbesitzer vorgeschrieben wird, wann er seinen Heizkessel durch einen moderneren zu ersetzen hat? Dass einem Glühbirnenfabrikanten die Produktion untersagt wird? Hier werden übergeordnete Ziele des globalen Umweltschutzes geltend gemacht, die oft auf noch umstrittenen Theorien beruhen. Daran stellt sich die Frage, inwieweit Experten oder scheinbare Experten ein Recht zur „Erziehung" der Bürger haben.

Es zeigt sich, dass die Gesetzgeber nicht ausschließlich mit dem Ohr am Willen und an den Bedürfnissen des Volkes und dessen Gerechtigkeitsempfinden agieren, sondern oft aus anderen Interessen heraus. Das können wissenschaftliche, vielleicht auch nur ideologische Überzeugungen, meist aber auch wirtschaftliche Teilinteressen sein. Professionelle Politiker sind den Einflüssen von Lobbyisten ausgesetzt und setzen sich diesen vielleicht sogar gern aus, weil es mit persönlichen, aber nicht mehrheitsfähigen Überzeugungen verbunden sein kann. Allzu professionalisierte Rechtsetzung und Korruptionsarbeit gehen oft Hand in Hand.

Professionelle Rechtsetzung kann dazu missbraucht werden, das Volk erziehen zu wollen. Umweltschutz, EU-Aufbau und anderes stehen dafür als aktuelle Beispiele. Professionelle Volksvertreter entwickeln sich zu Abstimmungsmarionetten mit zufällig fast immer partei-identischem Gewissen bei den Abstimmungsvorgängen. Es ist schwierig, aber notwendig, parteiunabhängige Volksvertreter in die Legislative zu schicken und die Gesetzgebung auch über direkte Abstimmungen zu ermöglichen. Gerade für eine demokratische Gesetzgebung gilt, dass kurze Wege zwischen Bürger und Parlament und lange, möglichst unüberwindliche zwischen Parlament und Lobbys hergestellt werden müssen.

Krieg

Demokratie kennt Verteidigung, keinen Angriff

Was hat der Krieg in einem demokratischen Alphabet zu suchen? Richtig: nichts. Gerade deshalb sind einige Irrtümer auszuräumen. Kriege können gegen Demokratien geführt werden, aber sie können nicht von Demokratien ausgehen. Eine Demokratie muss sich verteidigen können, aber sie kann nicht angreifen – und ohne Angriff gibt es keinen Krieg. Demokratie hat friedliche Formen der Konfliktlösung entwickelt und sie respektiert andere Nationen. Dennoch sehen wir, dass auch Demokratien Kriege führen. Diese müssen daher als Verteidigungskriege deklariert werden. Da der Mensch ein differenziertes Gehirn entwickelt hat, gehören Begründungen zur Kriegsführung. Nationalismen und Rassismen flankierten früher als gedankliche Rechtfertigungen den gewalttätigen Teil der Geschichte, heute werden die Verteidigung der Humanität und inzwischen sogar des Wohlstandes als Kriegsgründe bemüht. Immer werden zeitgemäße Begründungen für die Kriegsführung aufgeboten, um den natürlichen Instinkt des Menschen, dass der andere sein Bruder sei, zu übertönen.

Ein Kriterium für den Verteidigungsfall ist wohl die Frage des Territoriums. Bedroht der Feind die eigenen Landesgrenzen? Betrachten wir die Kriege der letzten Jahrzehnte, Korea, Vietnam, Jugoslawien, Afghanistan, Irak oder viele andere: auf welchem Territorium fanden sie statt? Ach ja, das waren präventive Verteidigungskriege gegen die Terroristen. Je nach Konstellation und Interessenlage wird inzwischen zum Terroristen erklärt, wer gestern noch als Freiheitskämpfer oder guter Verbündeter unterstützt wurde: Die Mudjahedin in Afghanistan gegen die Sowjetunion, Saddam Hussein in Irak gegen den Iran und so fort.

Die Ernennung eines Feindes zum universalen Terroristen ist zwar die moderne Form, mit der man den Verteidigungskrieg von der

Territorialfrage ablösen und nationale Verteidigung in die ganze Welt hinaustragen will. Wirklich neu ist das aber nicht. Die Angegriffenen waren propagandistisch schon immer die eigentlichen Täter. Heute sind der präventive Angriff und die Verteidigung unserer Lebensmittelversorgung selbst im Indischen Ozean als NATO-Doktrin festgeschrieben, ungeachtet aller internationalen Verträge und Rechtsnormen seit 1948, wenn nicht schon seit 1648. Ein Theologe als Staatspräsident liefert neuerdings die pastorale Gewissensfreiheit dafür.

Tatsächlich handelt es sich nur um eine Variante der uralten Unterteilung der Menschheit in Freund und Feind aus machtpolitischem Kalkül heraus. Diese Unterteilung ist so alt, dass man sie fast für eine anthropologische Konstante halten könnte. Der Mensch kennt seine nähere Umgebung, seine Gesellschaft, der das Freundschaftliche, und die anderen Völker, Nationen, Kulturen, Religionen, denen das Feindliche unterstellt wird. Diese Denk- oder Gefühlsfigur ist immer und überall mit mehr oder weniger Aufwand hervorzurufen. Offenbar hat sie reale Wurzeln in der frühen Evolutionsgeschichte der Menschwerdung; unser Gefühl schwingt hier noch nicht mit dem inzwischen erreichten Verstand mit. Geschichten über die eigene Überlegenheit und die Unterlegenheit oder Gefährlichkeit der anderen füllen die Erzählungen der Völker; Unter- und Übermenschen, Barbaren, Gojim, Falschgläubige, etc. begegnen uns in allen Sprachen bis in die Gegenwart.

Der Weg zum Frieden ist ein langer Lernprozess der Menschheit, den man als eine innere Evolution bezeichnen könnte. Hier soll an eine frühe und sehr bündige Formulierung des Gedankens erinnert werden, der die Basis für das Vermeiden von Kriegen ist: Der Evangelist Matthäus lässt den Nazarener Jesus zum Volk sprechen und sich präsentieren als den, der die alten Schriften vollendet. So erinnert Jesus an verschiedene Vorschriften des Moses, um sie noch schärfer auszulegen. (Beispiel: *Ihr habt gehört, dass gesagt ist (2.Mose 20, 14) Du sollst nicht ehebrechen. Ich aber sage Euch: Wer eine Frau ansieht,*

40

ihrer zu begehren, der hat schon mit ihr die Ehe gebrochen in seinem Herzen. Und so weiter.) Im verschärfenden und vollendenden Sinne heißt es dann auch:

Ihr habt gehört, dass gesagt ist (3. Mose 19, 18): Du sollst Deinen Nächsten lieben und Deinen Feind hassen. Ich aber sage euch: Liebet eure Feinde, segnet, die euch fluchen, tut wohl denen, die euch hassen, bittet für die, so euch beleidigen und verfolgen, auf dass ihr Kinder seid eures Vaters im Himmel. Denn er lässt seine Sonne aufgehen über die Bösen und über die Guten und lässt regnen über Gerechte und Ungerechte. ... Und wenn ihr nur zu euern Brüdern freundlich seid, was tut ihr Sonderliches? Tun nicht dasselbe auch die Heiden?

Ein schönes Wort, welches die europäische Geschichte seit zweitausend Jahren begleitet. Helmut Schmidt, als er noch nicht fleischgewordene politische Weisheit geworden, sondern aktiver Kanzler gewesen war, hat die Bergpredigt für ungeeignet gehalten als Handlungsanweisung im politischen Tagesgeschäft. Das mag man so sehen. Jesus spricht ja auch nicht vom diesseitigen Weltfrieden, sondern vom jenseitigen Reich Gottes, das nicht von dieser Welt ist. Dennoch hat in diesem Wort eine Einstellung zum Menschen Ausdruck gefunden, die das Denken und Empfinden der Menschen immer wieder beeinflusst hat. Dabei liegt es in der Natur der Sache, dass es der Jude Jesus nicht weiter seinem auserwählten Volk vorbehalten, sondern in die Welt hinaus tragen wollte. *Gehet hin in alle Welt...* Wer zur Feindesliebe aufruft, hat dem Auserwähltsein im Diesseits Ade gesagt.

Dieser Aufruf kann auch als säkularisierter Kerngedanke der Demokratie verstanden werden, dessen Entfaltung man durch die europäische Geistesgeschichte bis zur Menschenrechtserklärung nachzeichnen kann. Wie aus der Souveränität des absoluten Fürsten die Volkssouveränität abgeleitet wurde, ist der Gedanke der Gleichheit aller Menschen vor Gott eine Basis für den Gedanken der Gleichheit vor dem Gesetz, für die Gleichwertigkeit Aller und die Würde jedes Einzelnen. Die Philosophie der Aufklärung, die dies schließ-

lich formuliert, ist darin auch ein säkulares Erbe der christlichen
Religion.

Von der Aufforderung *Liebet eure Feinde* führt kein Weg zum Krieg.
Diese Aufforderung ist die Erklärung der Menschen-rechte und des
Weltfriedens avant la lettre. Mag die Bergpredigt auch keine Regie-
rungserklärung sein, so kann sie dennoch als Richtschnur im öffentlichen Handeln dienen. Wie wenige andere hat Nelson Mandela das
mit seinem Leben und Wirken bewiesen. Nicht als Politiker, sondern als menschlicher Führer.

Wer den Krieg für eine politische Option hält, muss innehalten und
hinschauen, wo das Blut fließt, wo die Kinder zu Waisen oder gleich
zu Leichen gemacht werden, die Häuser zerstört, ganze Landstriche
entvölkert und ihr Lebensraum unbewohnbar gemacht wird. Über
Monate und Jahre brechen Infrastrukturen zusammen, funktioniert
die Lebensmittelversorgung nur durch Hilfsorganisationen oder oft
gar nicht, Hunger, Krankheit, Folter und Vergewaltigung sind das
tägliche Brot. Generationen werden geprägt von der Gewalterfah-
rung und tragen sie weiter. Soldaten sind heute auch im Namen des
deutschen Volkes unterwegs auf anderen Kontinenten. Wir sollen
glauben, dass es Rotkreuz-Helfer sind. Vom dreckigen Geschäft,
wenn wir denn einmal nicht daran vorbei sehen können, sollen wir
denken: Muss eben sein für eine bessere Welt. Ist das demokratisches Handeln?

Gerne werden die Einsatzbefehle mit schwerem Herzen als ultima
ratio vorgetragen. Dass diese Redner sich nicht schämen, ihre ver-
kümmerte Vernunft so öffentlich einzugestehen! Die Menschheit
hat bessere Lösungen entwickelt, wenn es denn wirklich um das
Lösen von Konflikten ginge. Aber geht es darum? Geht es wirklich
um unsere präventive Verteidigung gegen ein angriffslustiges Afghanistan? Worum es geht, ist meist so einfach zu sehen, wenn man
sich nicht aus Angst vor Konsequenzen die dümmsten Ausreden
einreden lässt. Welche Aufgaben Demokraten auf diesem Feld der

Ehre wirklich haben, weiß jeder, dem demokratische Kultur am
Herzen liegt.

Libertas

Freiheit und Gleichheit sind nicht dasselbe

Die Freiheit ist ein zentraler Begriff des demokratischen Selbstverständnisses. Sie wird vor allem als Freiheit des Individuums, des Bürgers verstanden, sich am politischen Geschehen zu beteiligen. Sie wird als Freiheit verstanden, unabhängig von Vorschriften durch andere zu leben und in seinem Privatbereich geschützt zu sein. Grundrechte wie die Unverletzlichkeit der Wohnung, Briefgeheimnis, Meinungs-, Presse- und Religionsfreiheit haben hier ihren Ort. Der Schutz dieser Freiheiten gegen Kriminelle und der Schutz der Bürger gegen staatliche Übergriffe ist eine wesentliche Aufgabe von Freiheitsregeln. Hier haben Polizei und Staatsanwaltschaft, die zivile Rechtspflege und die Verwaltungsgerichtsbarkeit ihre Aufgaben.

Die Schwierigkeiten lagen vor allem früher darin, die Freiheit der Beteiligung eines jeden am öffentlichen Leben zu erkämpfen. Auf diesem Gebiet besteht heute zumindest theoretisch relativ weit reichende Einigkeit. Eine grundsätzliche und auch heute aktuelle Schwierigkeit ist aber die Definition, über welchen Raum sich private Freiheiten erstrecken oder welche Freiheiten im öffentlichen Raum gewährt oder nicht gewährt werden können. An dieser Stelle muss an die „natürliche Freiheit" des Individuums erinnert werden, die Rousseau von der „bürgerlichen Freiheit" unterschieden hat: Diese wird von einem contract social eingeschränkt, der dem Individuum eben nicht alle denkbaren persönlichen Freiheiten lässt: die bürgerliche Freiheit begrenzt nach Rousseau die natürliche Freiheit im Sinne einer freiwilligen Vereinbarung für ein zivilisiertes Zusammenleben. Kant hat diesen Gedanken als kategorischen Imperativ formuliert.

Beliebige Beispiele: Muss das Rauchen in Gaststätten verboten werden, auch wenn es sich nicht um Speiselokale handelt? Ist das eine unzulässige Beschneidung der Freiheit des Wirtes und seiner Gäste?

Rechtfertigt der Gesundheitsschutz solche Verbote? Die gleiche Frage kann zur Legalisierung von Drogen gestellt werden. Interessant sind die Antworten verschiedener Bürger: Nicht wenige Befürworter des Rauchverbots sind zugleich Befürworter der Legalisierung von Cannabis. Und umgekehrt. Welche persönliche Freiheit geschützt werden soll, ist nicht selten von ideologischen, von religiösen, von wissenschaftlichen oder pseudowissenschaftlichen Überzeugungen geprägt. Es gibt Verbote, die angemessen sind, nicht nur als Jugend-, auch als Erwachsenenschutz. Und es gibt Verbote, mit denen der Weg zur Diktatur beschritten wird; die Grenzen sind fließend. Die Wege zur Diktatur, also gegen die persönliche Freiheit, sind im Deutschland des 20. Jahrhunderts in verschiedene Richtungen „erprobt" worden. Zuletzt lebt Freiheit nur dort, wo souveräne Bürger auf demokratischem Weg selbst bestimmen können, was sie auch bis in den persönlichen Bereich hinein reglementieren möchten. Aber die Freiheit zum Waffenexport muss nicht dazugehören, um einmal ein weniger harmloses Beispiel zu nennen.

Auch wirtschaftliche Aktivitäten werden mit dem Freiheitsbegriff in Verbindung gebracht: Wirtschaftsliberalismus. Produktion und Dienstleistungen in einer Gesellschaft sind hauptsächlich Aktivitäten privater Akteure. Staatswirtschaften sind, außer vielleicht in zeitlich begrenzten Notsituationen, keine effektiven Modelle für die Schaffung von Wohlstand. Private Unternehmer betrachten ihre Aktivitäten gerne als persönliche Freiheiten, in die sich staatliche Regelungen möglichst wenig einzumischen hätten. Die persönliche Freiheit des Unternehmers oder der Aktiengesellschaft berührt aber massiv den Zustand von Menschenleben und von Natur – selbst wenn man Natur nur als Basis für das Menschenleben und nicht auch als Eigenwert denkt. Also können Mensch und Natur unter demokratischen Kriterien nicht unbegrenzt einem Wirtschaftsliberalismus untergeordnet werden.

Beim Übergang von menschenunwürdigen politischen Systemen zur Demokratie neigen viele Menschen zu einer verengten Sicht auf das politische System: Hauptsache, das allgemeine Wahlrecht wird endlich verwirklicht, der Rest findet sich dann. Als Beispiel sei an die Überwindung der Apartheid in Südafrika erinnert. Die Konzentration auf dieses politische Ziel, auf die Realisierung von „one man one vote", auf freie und gleiche Wahlen, war historisch notwendig. Es war eine großartige Leistung Nelson Mandelas, diesen Prozess als relativ friedlichen beeinflusst zu haben. Dennoch wurden im Verlauf dieses Prozesses wirtschaftliche Strukturen etabliert und verfestigt, die den Besitz an Wirtschaftsmacht, an Firmen, Minen, Banken etc. in der Hand von wenigen Mächtigen, oft auch noch ausländischen Kapitaleignern beließen. Die Bürger verfügten nun zwar über das Stimmrecht, aber nur in geringem Maß über die Möglichkeit, auch das Wirtschaftsleben zu gestalten, weil der materielle Reichtum des Landes sich zu großen Teilen inländischer Beeinflussung entzog.

Wirtschaftliche Freiheit ist also nicht nur die des Unternehmers, sondern auch die des Bürgers: er muss die Freiheit haben, Rahmenbedingungen für das wirtschaftliche Handeln in seinem Souveränitätsbereich zu setzen. Diese Freiheit erfordert nationale Souveränität innerhalb des eigenen Territoriums auch für ihre Wirtschaftsstruktur und für eine uneingeschränkte fiskalische Hoheit. Man darf in diesem Zusammenhang gern an die immer größeren Hürden denken, die auf supranationaler europäischer Ebene zwischen Bürgerentscheidungen und Haushaltsfragen gelegt werden. Das ist nichts anderes als eine schleichende fiskalische Enteignung der Bürger und damit eine Freiheitsberaubung. Andererseits: Dass diese Freiheitsberaubung überhaupt funktioniert, ist nur mit der Schläfrigkeit des Souveräns zu erklären. Ein gewisses Maß an gesellschaftlichem Wohlstand, welches durch demokratische Freiheit erst möglich wurde, führt offenbar zu einer Umdeutung des Freiheitbildes: Freiheit zum Konsum und individuellem Lebensgenuss überwiegt dann bald den Freiheitswillen als politische Selbstbestimmung. Diese Beobachtung spricht aber nicht gegen den Wohlstand, sondern gegen das Vergessen.

Macht

Demokratische Macht sind die Bürger und ihre Institutionen

Passen Macht und Demokratie überhaupt zusammen? Oder ist es ein Gegensatzpaar? Die Frage ist zu abstrakt gestellt. Macht kann Gewalt gegen Schwächere sein, aber auch ein Bollwerk gegen autokratische Herrschaft.

In der Regel wird Macht mit der Exekutive assoziiert. Ein König in alten Zeiten, ein Präsident, ein Kanzler, eine Regierung in modernen Zeiten, gelten als die Orte, von denen die Macht ausgeübt wird. Demokratie kann sich aber nicht nur auf den Weg beschränken, wie die Macht installiert wird, sondern sie muss Aufgaben und Kompetenzen für Exekutive und Verwaltung vorgeben und sie kontrollieren. Ja, auch kontrollieren, das ist nicht nur als Wahlrecht, sondern sogar als Widerstandsrecht in unserem Grundgesetz unwiderruflich verankert.

Machtausübung ist in einer Demokratie, die immer auch repräsentativ organisiert sein muss, unvermeidlich und kein Widerspruch. Sonst landen wir in der Rechtlosigkeit. Selbstverständlich müssen repräsentativ gewählte Parlamentarier Gesetze beschließen, müssen Regierungen die Gesetze politisch und die Verwaltungen sie praktisch umsetzen, müssen Richter Recht sprechen, müssen Ordnungskräfte Kriminalität unterbinden und verfolgen etc. Alles das ist auch Machtausübung.

Demokratische Machtausübung ist es dann, wenn nicht nur Gesetzgebung, sondern schon Gesetzentstehung demokratisch geschieht (siehe Oligarchie) und wenn die staatlichen Organe weitgehend frei von Korruption sind. Das sind sie desto mehr, je bessere institutionelle Möglichkeiten der Einwirkung durch die Bürger vorhanden sind. Und je besser die Bürger diese auch nutzen.

Auch Zusammenschlüsse außerhalb staatlicher Institutionen können Machtblöcke bilden, wie zum Beispiel Gewerkschaften gegen ausbeuterische Unternehmer. Sie folgen der nicht nur gewerkschaftlichen, sondern urmenschlichen Parole „united we stand – devided we fall" und nehmen Einfluss auf demokratische Entscheidungen. So gibt es verschiedene Machtblöcke in der Gesellschaft, deren Interessen auch von den Volksvertretern berücksichtigt werden. Dagegen ist nichts einzuwenden; es ist der Zweck gesellschaftlicher Interessengruppen, Teil-Interessen zu vertreten; auch das ist Bürgerwille, der politisch zu respektieren und zu beachten und untereinander auszubalancieren ist.

Beim Thema Machtblöcke muss man allerdings auch die wirklich großen in den Blick nehmen: Banken, Groß-unternehmen, Medienkonzerne. Sie haben sich aus der Gewerbefreiheit entwickelt, die früher einmal als Errungenschaft gegen freiheitsfeindliche Feudalstrukturen erkämpft worden ist. Ihre Interessen können aber nur noch mit viel Phantasie als Bürgerinteressen bezeichnet werden. Ihre Macht steht im umgekehrten Verhältnis zu der Anzahl von Bürgern, deren Willen hier unmittelbar vertreten wird. Diese Machtblöcke wieder in die Demokratie einzufangen und in eine Gewerbeordnung, die vom Souverän bestimmt wird, ist eine Jahrhundertaufgabe.

Wir beobachten, dass gerade kleine Machtzirkel mithilfe von Propagandastrategen Themen über die Medien lancieren, „spontane" Initiativen schaffen, Zukunftsworkshops und politische pressure groups gründen, die schließlich auf die demokratisch legitimierten Vertreter Einfluss nehmen, ihnen die Themen diktieren und zu psychologischer Denunziation greifen, wenn demokratischer Widerstand – „Veto-Player" gemäß diesem Neusprech - aufkeimen sollte. Politische Kampagnen werden in think tanks für interessierte Auftraggeber entwickelt, professionell gemanagt und in die öffentlichen Institutionen und Meinungskanäle geschleust. Selbst bei echten Interessenvertretungen, die von unten entstehen und Aufmerksamkeit erregen, sind bald die spin doctors mit im Boot und streben auf die Kommandobrücke. Die freie Gesellschaft ist schlecht dagegen geschützt, dass sie auch mächtigen Meinungsmachern offen steht. Wer weiß schon, wessen Ideen er gerade auch noch vertritt, wenn er etwas vorträgt, was er „zufällig" kürzlich gelesen hat. Wen interessiert schon, dass unsere Repräsentanten die deutsche Demokratie längst gegen eine undemokratische EU austauschen? Die meisten Wähler nicht mehr, sie wählen den mainstream. Hier fanden und finden Machtkämpfe um das Denken der Menschen statt, die leider schon einige Erfolge verbuchen können.

Demokratische Umkehr findet nicht statt, indem Granaten auf Banken oder Zeitungsverlage geworfen werden, sondern sie muss ebenfalls im Kopf stattfinden und viele Köpfe erfassen. Der Zusammenhang zwischen soft governance und politischen Entscheidungen muss erkannt und auf demokratische Machtausübung zurückgeführt werden. Die Propagandisten fürchten sich vor entsprechend aktiven Bürgern oft mehr als diese glauben; man erkennt das daran, dass entsprechende Aufklärung, die es ja gibt, bereits im Ansatz oft massiver bekämpft und diffamiert wird als die Aufklärer es erwartet haben.

Nation

Nation ist der Ort, wo Demokratie sich organisiert

Die Nation gilt heute nicht Wenigen als etwas historisch Überholtes. Es mag ein Zeitalter der Nationalstaaten gegeben habe, welches historisch wohl notwendig war, sagen manche. Angesichts unserer immer enger vernetzten Welt sei dies aber nun – in Europa - vorbei. Wer immer noch daran festhält, muss sich bald einmal sagen lassen, dass er damit auch Feindseligkeiten und Kriegen Vorschub leiste. Schließlich sei es ja gerade ein Merkmal der Nationalstaaten gewesen, ständig gegeneinander Kriege zu führen. Das sei aber vorbei, wenn man die Grenzen öffne und größere Einheiten schaffe, so hören wir.

Es ist nicht zu leugnen, dass die Vergangenheit reich an Kriegen ist. Die internationalisierte Gegenwart allerdings auch. Ebenso wenig ist zu leugnen, dass es in der Vergangenheit und in der Gegenwart Nationen gab und gibt, die friedlich mit ihren Nachbarn leben und Handel treiben. Vor allem kleinere Staaten fallen hier auf. Es waren bei genauerem Hinsehen eher die größeren Nationen, die noch größer werden wollten, die von den Reichtümern anderer Weltgegenden profitieren wollten. Staaten, die im Zuge der Welteroberung Kolonialreiche oder ähnliche Einflusszonen geschaffen haben oder sich schaffen wollten, sind in der Regel die Verursacher von Kriegen. Nationen oder Staatenbünde, die die Welt unter sich aufteilen und von außen willkürliche Grenzen über die Kontinente ziehen sind es, die mit historischer Regelmäßigkeit Streitigkeiten, Aufstände, Tod und Verderben verursachen.

Nicht die Wertschätzung, sondern die Missachtung von kulturell, wirtschaftlich und politisch gewachsenen Nationen, ist der Beginn von Krieg. Man könnte sagen, der fehlende Respekt vor Nationen korrespondiert mit dem fehlenden Respekt vor Personen, vor Individuen, gegen die man gewalttätig vorgeht. Beim Individuum leuchtet es den meisten Menschen heute ein, dass es zu respektieren ist. Nun ist eine Nation kein Individuum, sie hat sich aus unterschiedlichen historischen Prozessen herausgebildet, oft auch aus gewalttätigen, und sie ist selbstverständlich auch veränderbar – aber von innen heraus durch ihre Bürger. Veränderungen von außen oder durch eigene abgehobene Machteliten folgen in aller Regel nicht dem Bürgerwillen.

Die Nation im Grundsatz für eine gefährliche Kriegsquelle zu halten ist so, als würde man den Menschen aus sich heraus für ein gefährliches und kannibalisches Raubtier und nichts anderes halten. Es gibt Menschen, die den Menschen so sehen; sie können allerdings nicht widerspruchsfrei erklären, wie die Menschheit überleben konnte. Denn es haben nicht nur gewalttätige Raubtier-Menschen überlebt. Im Gegenteil. Räuber und Eroberer sind immer nur wie eine schmutzige Schaumkrone auf einem großen Gewässer. Das Gewässer sind in diesem Bild die kooperativen Menschen, die den Wohlstand schaffen. Je größer das Gewässer, desto größer die Stürme, desto wahrscheinlicher die Schaumkronen. Deshalb sind kleinere souveräne Einheiten auch ein Schutz gegen äußere und innere Eroberungsgelüste.

Mit der Diskreditierung der Nation und der Schaffung supranationaler Einrichtungen geht die Demokratie verloren. Wir sehen es ja. Die Zentralisierung der europäischen Staaten in Brüssel erzeugt ein Gebilde mit nahezu absolutistischer Exekutive, die auch Legislative und Rechtsprechung zentralisiert und vereinnahmt, Gewaltenteilung auflöst, Haushaltsrechte okkupiert, und zugleich Kriegsführungen ermöglicht, die wenige Jahrzehnte zuvor undenkbar waren. Kurz nach der Verleihung des Friedensnobelpreises an die EU rühmten sich deren Vertreter, dass sie nun auch die Wirtschaft ankurbeln wollen – mithilfe vor allem der Rüstungsindustrie. Die Vermeidung von Krieg ist kein Argument gegen die Nation, sondern für sie. Das Problem der früheren kriegführenden Nationen war nicht, dass es Nationen waren, sondern dass es keine Demokratien waren. Auch die jüngsten Kriege der Demokratien sind von deren Machteliten ohne breite Zustimmung der Bürger geführt worden.

Die internationale Vernetzung, die heute selbstverständlich größer ist als vor 50 oder 100 Jahren, erfordert keine Auflösung der nationalen Hoheiten. Eine unabhängige kleine Nation wie die Schweiz, demokratisch organisiert wie kaum eine zweite, ist in hohem Maße wettbewerbsfähig nach den Kriterien sämtlicher internationaler Rating Agenturen. Sie ist es nicht, weil so viel schmutziges Geld in ihren Tresoren liegt, auch wenn es solches zweifellos gibt; sie ist es, weil sie eine demokratische Industrienation mit schlankem Staat, hohem Bildungsstandard und hoher Produktivität ist. Kein anderes Land der Erde schafft pro Kopf der Bevölkerung eine so hohe Industrieproduktion. Die „Schweiz" Lateinamerikas, Costa Rica, hat übrigens seit Jahrzehnten keine Armee, aber eine florierende Wirtschaft, Zufall? Die EU-Strategen, die seit Jahren –und nicht nur als verbale Attacke - ihre Kavallerie in Richtung Schweizer Grenze schicken, haben in wirtschaftlicher Effektivität keine Vorbildfunktion, in demokratischer Praxis ebenfalls nicht. Dass sie bei ihren Attacken die Demokratie im Munde führen, muss eher Misstrauen als Zustimmung erregen.

Was beim Thema Nation der Vergangenheit angehören muss, ist der rassistische und menschenverachtende Nationalismus, den es tatsächlich gegeben hat und immer noch gibt. Die heute stattfindende Auflösung der demokratischen Nationen gerade in Europa durch zentralisierende Interessen zwingt aber dazu, die Nation neu als den Ort zu erkennen, an dem Demokratie besser organisiert werden kann. Wer heute nicht zwischen Nation und Nationalismus unterscheiden kann, der ist auf dem Auge blind, das die Demokratie im Blick hat.

Auch eine UNO, die eine demokratische Struktur für das Zusammenleben der Nationen sein will, müsste bei ihrer anstehenden Reorganisation darauf verzichten, sich weiterhin als Herrschaftsgremium der Siegermächte des Zweiten Weltkrieges zu verstehen. Denn das ist sie bis heute. Sie muss sich eine Struktur geben, in der die Nationen so gleich berechtigt nebeneinander stehen und Entscheidungen treffen können wie dies die Bürger eines demokratischen Staates in ihrer Nation auch tun (sollten).

Oligarchie

Die Herrschaft der Wenigen gefährdet auch die Demokratie

Die Herrschaft der Wenigen wurde in der Antike als eine von mehreren Herrschaftsformen gesehen. Die Alten sahen einen Kreislauf von der Demokratie zur Oligarchie, weiter zur Monarchie und dann nach einem Umsturz vielleicht wieder zurück zur Volksherrschaft. Aber kann ein Stück Oligarchie nicht auch in der Demokratie leben?

Das beginnt schon, wenn wir unsere Repräsentanten betrachten. Wir vermuten, dass die wirklich Mächtigen unsere Repräsentanten besser für ihre Zwecke nutzen als wir das können. Einige Bürger resignieren und gehen nicht mehr zur Wahl, andere behalten es sich vor, es ihnen beim nächsten Mal zu zeigen, wenn sie enttäuscht werden. Aber die Politprofis verstehen es oft, uns mit ihren Argumenten, ihrem Sachverstand oder vielleicht nur mit ihrer geschulten Rhetorik zu überzeugen. Zumindest davon, dass man doch lieber das kleinere Übel als gar nichts wählen solle. Und so bildet sich ein Personal, man nennt es oft „die politische Klasse", das die Geschäfte erledigt und die Ämter unter sich rotieren lässt – über Drehtüreffekte rotieren die Ämter auch zwischen Politik und Wirtschaftslobbys - solange bis man den Eindruck gewinnt, es sei gar nicht so wichtig, wer nun gerade die Macht exekutiert und wer Opposition spielt. Solange bis man glaubt, wer wirklich Opposition macht und echte Alternativen aufzeigt, sei als Minderheit gar nicht sachkundig, ihm fehle die Nähe zu den maßgeblichen Lobbys, sonst wäre er ja keine Minderheit, ja, wahrscheinlich sei er sogar hochgefährlich.

Oligarchie kommt in demokratischen Kleidern daher. Sie argumentiert mit Sachzwängen und Alternativlosigkeit, sie bemüht Statistiken, Theorien und Experten, um vor dem Bürger, dem angeblich der Überblick und die Detailkompetenz fehlt, geschützt zu sein. So äußerten sich gestandene Demokraten zur Einführung des Euro oder zur Unterzeichnung von Staatsverträgen, mit denen Souveränität abgeben wurde, erleichtert darüber, dass es keine Volksabstimmung gab. Sonst wäre das ja nie durchgegangen, sagten sie. Zu Recht.

Natürlich ist es wohl illusorisch, dass alle Bürger einer Demokratie, einer Nation, eines Volkes gleichermaßen auf das öffentliche Leben Einfluss nehmen, auch wenn sie das verfassungsmäßige Recht dazu haben. Es gibt Uninteressierte und sie haben das Recht, uninteressiert zu sein – wenn sie die Entscheidungen der anderen dann akzeptieren. Es gibt Minderheiten, die aktiv ihre Interessen artikulieren mögen, sich damit aber nicht oder nur in geringem Maß durchsetzen können. Das ist das Wesen der Demokratie. Diese echten Schwierigkeiten haben aber nichts damit zu tun, dass sich der Lobbyismus das politische Personal der demokratischen Repräsentanten greift und in seinem Sinne beeinflusst. Wobei Lobbyismus als Plural verstanden werden muss: es gibt unterschiedliche und gegensätzliche Lobbys, die sich nicht alle gleichermaßen durchsetzen. Natürlich sind es meist die finanzstärkeren, die sich durchsetzen.

Halten wir einmal fest, dass auch unsere Demokratie von Oligarchie durchsetzt ist. Sicher nicht so offensichtlich wie in anderen, korrupteren Ländern, aber doch genug, um als Demokrat unzufrieden zu sein. Ein kurzer Blick in die Geschichte ist hilfreich. Historisch hat sich seit über zwei Jahrhunderten die moderne Marktwirtschaft entwickelt. Im 19. Jahrhundert wurde sie mächtig und konnte von der Politik immer weniger beeinflusst werden. Im 20. Jahrhundert wurden auch mit dem Erstarken der Demokratien die Märkte und die Wirtschaftspraktiken stärker geregelt, in manchen Ländern mehr, in anderen weniger. In den sozialistischen Ländern wurden Markt und wirtschaftliche Privatinitiative weitgehend vernichtet, mit bekannten negativen Folgen. Am Ende des 20. Jahrhunderts gewannen im Zuge der Globalisierung und der aufgeblasenen Finanzmärkte wieder die wirtschaftlichen Akteure die Oberhand und machten sich daran, die inzwischen demokratischen Strukturen vieler Staaten in ihrem Sinne zu benutzen. Dabei haben die Mächtigen ihre Strategien geändert und eine demokratisch angepasste Propaganda entwickelt, die sie über die demokratischen Repräsentanten und andere Kanäle verbreiten lassen.

Die demokratische Antwort im 21. Jahrhundert muss sein, dass nicht nur die Gesetzgebung, sondern heute vor allem die Gesetzentstehung der öffentlichen Beobachtung und Beeinflussung besser zugänglich werden muss. Nicht nur die Parlamente, sondern vor allem die Wandelgänge brauchen Glaswände; die Drehtüren zu Lobbyland müssen verriegelt werden. Denn die Gesetzentstehung findet heute überwiegend außerhalb der gesetzgebenden Versammlungen statt, vor allem durch die EU-Kommission, die ja durch Zentralisierung die mühselige Lobbyarbeit rationalisiert hat. Die erforderliche stärkere Transparenz braucht eine stärkere Aktivität der Bürger, zunächst also außerparlamentarischen Druck, der aber auch parlamentarische Aktivität erzeugen muss. Im nächsten Schritt müssen die immens gewachsenen politischen Bürokratien verkleinert, entprofessionalisiert, von den Lobbys entfernt und näher an den Bürger gebracht werden. Der Steuerzahler muss sich die Hoheit über alle von ihm bezahlten Rechnungen zurück erobern. Dazu gehört zuerst das Erkennen, wer diese Hoheit in vielen Bereichen tatsächlich hat. Nur dann kann die real existierende Oligarchie aus der Demokratie zurück gedrängt werden.

Politik

Politische Aktivität ist kein Privileg von Berufspolitikern

Politik gilt uns heute als Synonym für Ränkespiele und Schachzüge, die anderes versprechen als sie beabsichtigen, für Machenschaften, um einen Gegner oder sogar den eigenen Bündnispartner zu schwächen. Politik gilt als unehrlich und schmutzig, höchstens ausnahmsweise oder in Sonntagsreden auch mal ehrlich gemeint, selten ehrlich gemacht.

Ursprünglich (oder auch nur theoretisch?) war Politik einmal das unmittelbare Behandeln der öffentlichen Angelegenheiten durch die Bürger. Der Wortstamm Polis bezeichnet den antiken griechischen Stadtstaat. Dessen Angelegenheiten wurden von den dazu befugten Bürgern besprochen, beschlossen, umgesetzt. Die Exekutive wurde damals zeitweise per Los oder Rotation festgelegt; es scheint kein Zweifel bestanden zu haben, dass alle passiv Wahlberechtigten auch aktiv exekutivfähig waren. Machtspiele werden auch damals nicht ausgeschlossen gewesen sein, aber sie waren vielleicht besser sichtbar vor den Augen des Demos', des wahlberechtigten Volkes. Der Aktionsbereich war überschaubarer; es handelte sich eben um Stadtstaaten, nicht um Territorialstaaten. Für das kurzlebige Großreich Alexanders, welches sich über Teile von drei Kontinenten erstreckte, galten diese demokratischen Regeln aber schon nicht mehr.

Auch im Mittelalter gab es neben den einzelnen Fürstentümern freie Reichsstädte, deren politische Führungen sich allerdings weniger demokratisch bildeten als die des alten Griechenland. Hier gaben doch eher Schwert und Brandschatzung den Ton an, wenn das Geld allein nicht reichte; Politik war hier höchstens die friedliche Phase des Krieges, ausgetragen innerhalb der Minderheit von Wohlhabenden. Das galt auch für die Territorialfürsten, deren Politik – im Zeitalter der Agrarwirtschaft - vor allem Landeseroberung war. Mit dem Entstehen der absolutistischen Territorialstaaten zu Beginn der Neuzeit entstand eine differenziertere Außenpolitik. Der Kuchen, um den man stritt, wurde vergrößert und die Streitmethoden wurden verfeinert. Innenpolitik, die Ordnung innerer Angelegenheiten war weiterhin kein nennenswertes Politikfeld, sondern allenfalls Gegenstand von herrschaftlichen Erlassen und Verfügungen. Da herrschte die Polizei, nicht die Politik. Sie hat ja auch denselben Wortstamm. Jäger um die großen Kuchenstücke waren wenige; die meisten Menschen waren Teil der Beute. Damals. Soweit ein sehr knapper Rückblick.

Politik in einem modernen Sinne entstand aus der Etablierung bürgerlicher Freiheiten. Bereits bevor es demokratische Staaten ab, gab es bürgerliche Gesetzbücher wie den code civile von Napoleon Bonaparte am Anfang des 19. Jahrhunderts. Der wurde zwar undemokratisch und gewaltsam durchgesetzt, bildete aber doch eine Verfassungsbasis für bürgerliches Leben, eine Vorform der Innenpolitik. Auch in Deutschland ist das unter Bismarck entstandene Bürgerliche Gesetzbuch älter als ein demokratischer deutscher Staat. Seine Vorläufer in Preußen sind sogar noch älter als Napoleons code civile. Auf bürgerlicher Freiheit und Gleichheit beruhende Verfassungswerke wurden im 20. Jahrhundert endlich Basis demokratischer Staaten. Politik ist schließlich zum Oberbegriff für diverse Politiken geworden, Außen-, Innen-, Sozial-, Gesundheits-, Finanz-, Bildungs-, etc., mindestens so viele wie es Ministerien gibt. So weit, so gut.

Heute beschreibt Politik das Alltagsgeschäft von Berufsakteuren, die das öffentliche Leben gestalten und dafür regelmäßig ein Mandat von den Wählern erhalten. Unmittelbares öffentliches Handeln durch die Bürger gilt inzwischen mehr als gesellschaftliches denn als politisches Engagement. Wenn es sich darüber hinaus auf den staatlichen Apparat bezieht, wird es rasch von dessen Personal übernommen oder die Bürgerinitiative muss sich zur Partei wandeln, um dann in den Institutionen mit all ihren Hindernissen und Verlockungen von vielen ihrer Ziele Abschied zu nehmen. Das sei in einer komplexen modernen Gesellschaft auch nicht anders möglich, meinen viele. Ist das wahr? Ist Parteipolitik der einzige oder überhaupt ein geeigneter Weg, den Bürgerwillen zu artikulieren und umzusetzen? In unserem Grundgesetz werden Parteien nur einmal kurz erwähnt als Mitwirkende bei der politischen Willensbildung. Und in der Realität?

Schließlich beobachten wir, dass nach den oft gravierenden politischen Richtungskämpfen des 20. Jahrhunderts sich seit einiger Zeit die Unterschiede einzuebnen und auf Detail- oder Personalfragen zu beschränken scheinen. Es ist erfreulich, dass die ideologischen Pulverdämpfe allmählich verschwinden. Aber was bekommen wir dafür? Für manche populären oder populär gemachten Themen werden Schaukämpfe um die political correctness geführt. Die eine Partei stellt dieses Thema mit medienwirksamen Überspitzungen in den Mittelpunkt, die andere Partei ein anderes. Mittels der grundgesetzwidrigen Praxis des Fraktionszwanges wird dem Volk die große Bedeutung der richtigen Machtblockbildung vorgeführt und dem Bürger damit gezeigt, wie sehr es auf ihn und auf seine Wahlteilnahme ankommt. Tatsächlich wird ihm trotz gegenteiliger Beteuerungen damit aber auch gesagt: Bis hierhin und nicht weiter darfst Du mitspielen. Den Rest machen wir Repräsentanten mit unseren Fachleuten (aus den Wandelgängen der Lobbys).

Das Wort Politik bekommt erst dann (wieder) einen demokratischen Inhalt, wenn die Bürger sich vermehrt zu Politikern machen, die Themen debattieren und die Entscheidungen dann auch direkt beeinflussen. Das erfordert sowohl ein Bewusstsein als auch institutionelle Regelungen dafür, dass der Souverän Bürger die Sachentscheidungen der Repräsentanten zu allem einschließlich der öffentlichen Haushalte korrigieren oder selbst welche initiieren kann. Es erfordert ein demokratisches Sachabstimmungs-, nicht nur ein Wahlrecht. Ein Politikverständnis, welches nur die gelegentliche Wahl von dann weitgehend autokratischem Berufspersonal kennt, kann allenfalls als eine Vorstufe umfassender Demokratie gelten. Demokratische Politik ist eine, bei der die Bürger ein minimiertes Politikerpersonal durch die subsidiär und föderal aufgebauten Institutionen führen statt von geschulten Berufsstrategen durch leblos gewordene Wahlkampagnen geführt zu werden.

Quorum

Wahlregelungen sind entscheidende Instrumente der Demokratie

Den Volkswillen, oder besser die Bürgerwillen (Mehrzahl) zu ermitteln, ist immer auch ein mathematisches Problem. Man kann zwar viele Fragen auf ein Ja-Nein-Schema zusammenschrumpfen und einfache Mehrheiten entscheiden lassen. Tatsächlich sind die Vorgänge aber komplexer, erfordern Bündelungen von sachlich zusammenhängenden Themen, erfordern Berücksichtigung von langfristig wirksamen oder kurzfristigen Einmal-Entscheidungen, erfordern Regelungen, wie auch mit (knapp) unterlegenen Abstimmungsteilnehmern dennoch Kompromisse gefunden werden können, etc.

Bei der Wahl von Repräsentanten des Volkswillens haben sich nicht nur bei uns Parteien als Machtblöcke und institutionelle Zwischenstufen durchgesetzt. Das Wahlrecht setzt ein Quorum an Stimmen, die erforderlich sind, um die Partei in das Parlament zu heben. In Deutschland ist es die willkürliche 5%-Hürde, in dem Nicht-Staat EU wurde kürzlich eine ebenso willkürliche 3%-Hürde erst eingeführt und dann wieder abgeschafft für ein Parlament, das den Namen Legislative nicht verdient und dem keine Exekutive verantwortlich ist. Wird bei der Bundestagswahl die 5 % Hürde nicht genommen, sind die Stimmen verloren. Müsste es nicht so sein, dass mindestens die Anzahl von Stimmen, die für die Wahl eines Repräsentanten erforderlich sind, nicht verloren gehen darf? Bei einem Volk von 60 Millionen Wahlberechtigten und 600 Repräsentanten, von denen bei uns 300 direkt gewählt werden, haben also 200.000 Bürger einen direkten Repräsentanten. Sowie einen weiteren, der über Parteienproporz (Zweitstimme) bestimmt wird. Durch die 5%-Hürde wird die Zahl für die wirksame Repräsentation der wichtigen Zweitstimme aber auf 3 Mio. Stimmen erhöht. Warum? Das immer noch vorgebrachte Argument, damit werde nach den Erfahrungen der Weimarer Republik der nächste Hitler verhindert, ist historischer Unsinn. Hitler ist nicht wegen einer fehlenden 5%-Hürde Kanzler geworden.

Bei Wahlen, die ausschließlich auf dem direkten Mehrheitswahlrecht (bei uns die Erststimme) beruhen, also zum Beispiel im United Kingdom, gehen allerdings noch sehr viel mehr Stimmen verloren. Unser System des relativen Proporzes hat also grundsätzlich eine gute Begründung im Sinne von Gerechtigkeit. Aber erst mit einem Quorum, welches sich an der tatsächlichen Repräsentanz orientiert, (ca. 200.000 Stimmen pro Repräsentant) wäre die Repräsentanz verwirklicht. Das Regieren mag damit schwieriger werden, aber wollen wir eine (auch) repräsentative Demokratie haben oder „nur" eine schlagkräftige Regierung? Die kleine Schweiz ist übrigens auch beim Thema Regierungsfähigkeit trotz ziemlich vieler Parteien ein Vorbild.

In jedem Fall ist es eine Frage der politischen Kultur, wie mit den Stimmen für die unterlegenen Kandidaten oder Parteien, die ja auch einen Willen von Bürgern repräsentieren, umgegangen wird. Werden sie nach Bildung der Exekutive bis zum nächsten Wahlgang beiseite geschoben und der Sieger vollstreckt sein Programm? Oder werden sie auch im politischen Tagesgeschäft einbezogen wie zum Beispiel in der Schweiz, wo eine Konkordanz, also eine Große Koalition seit Jahrzehnten um den Ausgleich der Interessen bemüht ist? Die Demokratie ist nicht dazu da, nur einer Mehrheit die Macht zu geben für die nächsten Jahre, um dann die Minderheit zu ignorieren. Ein extremes Beispiel dafür sind die Vorgänge 2012 /2013 in Ägypten. Zuerst haben die Muslim-Brüder ihren relativen Wahlsieg als Aufforderung zur Diktatur genutzt. Danach hat das von Bürgerprotesten ermunterte Militär seine Macht zu gegenteiliger Unterdrückung eingesetzt. Demokratische Kultur ist mit mehrheitlichen Wahlsiegen allein also noch lange nicht entstanden.

Beim Gegen"modell" einer Großen Koalition in der Exekutive (Konkordanz in der Schweiz) wird gern das Fehlen einer parlamen-

tarischen Opposition kritisiert. Aber in der Schweiz gibt es das Volk
direkt als Korrektiv. Über praktisch alles kann vom Volk selbst abgestimmt werden, von Gesetzen über Entscheidungen zur Steuererhebung und anderen Sachfragen bis zu Verfassungstexten. Das
Volk ist hier sozusagen eine institutionalisierte Opposition.

Aber auch bei direkten Volksabstimmungen stellt sich die Frage des
Quorums. Wie viele Menschen sind erforderlich, um eine Abstimmung zu initiieren? Wie groß muss die Beteiligung an der Abstimmung sein, um Gültigkeit zu erreichen? Wie oft, in welchem zeitli-
chen Abstand darf überdasselbe Thema abgestimmt werden? Diese
grundlegenden Fragen stellen sich auch in Deutschland, wo es auf
Länderebene Möglichkeiten zur Abstimmung gibt, die hinsichtlich
des Quorums sehr unterschiedlich geregelt sind. Ein zu niedriges
Quorum birgt die Gefahr, dass Minderheiten ihren Willen gegen
Mehrheiten durchsetzen können, ein zu hohes, dass die Abstimmung als Ausdruck eines Bürgerwillens gar nicht zustande kommt.
Diese schwierige Frage ist ein Kernstück gerechter Demokratie.

Ebenfalls nicht banal ist die Frage, worüber welcher Kreis von Bürgern abstimmen darf. Grundsätzlich gilt das Subsidiaritätsprinzip:
die Betroffenen. Aber um ein einfaches Beispiel für Schwierigkeiten
auch hier zu nennen: in Ostfriesland wurde einmal heftig darüber
diskutiert, welche Gemeinde nach einer Gemeindezusammenlegung
darüber abstimmen darf, ob das untergegangene Kfz-Zeichen weiter
verwendet werden dürfte: nur die aufgelöste alte Gemeinde als „historisch" betroffene oder die neue größere Gemeinde als jetzt betroffene? An einer solchen Frage wird die Demokratie nicht untergehen, aber man kann auch größere Beispiele bemühen. War es
richtig, dass über das Projekt Stuttgart 21 das ganze Land Baden-
Württemberg abgestimmt hat, obwohl städtebaulich vor allem
Stuttgart davon betroffen ist? Oder zählte es, dass Landesmittel
dafür bereitgestellt werden? Obwohl ja auch Bundesmittel bereitgestellt werden! Oder sollte es zählen, dass mehrere Länder verkehrs-
technisch betroffen sind? Oder, ein anderes Beispiel: durfte die

Krim allein über ihren Austritt aus der Ukraine entscheiden oder war die gesamte Ukraine dafür stimmberechtigt? Das sind echte Fragen.

Keine Frage sollte es aber sein, dass Abstimmungen möglich sein müssen als Korrektiv zum politischen Tagesgeschäft der notwendigen Repräsentanten. Auf Bundesebene sind in Deutschland Abstimmungen bis heute nicht geregelt, obwohl das Grundgesetz diese Form der Willensbildung ausdrücklich und gleichrangig neben Wahlen im unveränderlichen Artikel 20 benennt. Ein Gesetz dazu, ggf. auch eine Grundgesetzänderung für eine direkte gesetzgeberische Hoheit des Volkes, fehlt bis heute.

Das Quorum, also die konkrete Gestaltung von Wahl- und Abstimmungsmodus, ist ein entscheidendes und nicht selten unterschätztes Thema, wenn es um die Qualität von Demokratie geht.

Repräsentation

Repräsentation notwendig, aber nicht hinreichend

Der demokratische Souverän hat das Recht, alle öffentlichen Angelegenheiten zu regeln. Aber auch wenn es zulässig wäre, über alle Fragen direkte Abstimmungen zu organisieren, so ist es praktisch unmöglich, dies auch zu tun. Daraus folgt die Notwendigkeit der Repräsentation. Es müssen Vertreter gewählt werden, die das Tagesgeschäft der Gesetzgebung, der Regierung, der Rechtsprechung, der Verwaltung vollziehen. Diese Vertreter müssen gewählt und eine Zeit lang allein gelassen werden, im Vertrauen auf ihre Ehrlichkeit. Das ist unvermeidlich so, auch wenn Sachfragen direkt vom Souverän abgestimmt werden dürfen, auch wenn es zu jedem Gesetz oder zur Verfassung ein Veto des Volkes, ein Referendum oder gar eigene Initiativen geben darf.

Ohne Repräsentation und Vertrauen funktioniert keine demokratische Einheit, die größer ist als der Ringplatz von Glarus, wo noch heute die Landsgemeinde zusammentritt. Auch in der Schweiz wird das Tagesgeschäft über Repräsentation vollzogen. Es gibt auch hier Parlamentarier und Minister und Richter, die täglich im Namen des Volkes handeln. Zwar kann sich theoretisch zu jedem Thema eine Volksinitiative finden, praktisch geschieht das aber nicht. Das liegt in der Natur der Sache. Abstimmungen über Sachfragen müssen in einer demokratischen Kultur in hohem Maße möglich sein, sie ersetzen aber nicht die Notwendigkeit eines gut überlegten Systems der Repräsentation.

Es geht nicht um das ob? sondern um das wie? der Repräsentation. Einem Jean Jacques Rousseau erschien es zwar unmöglich, dass Souveränität repräsentiert und nicht direkt ausgeübt werde. Immerhin hat er zugestanden, dass die Beauftragten (nicht: die Vertreter!) des Volkes solange tätig sein dürfen wie das Volk ihnen nicht widerspricht. Aber eben: wie spricht „das Volk" in zivilisierter Form?

Heute werden Personen gewählt - Stadträte, Landräte, Bundestags-
abgeordnete -, üblicherweise über Parteien oder Wahlbündnisse,
zum Teil auch in direkter Personenwahl. Diese bilden dann eine
Legislative. Auf der kommunalen Ebene, wo keine Gesetze verfasst
und beschlossen werden, repräsentieren die Stadträte quasi das
Volk; hier werden Sachentscheidungen gefällt. Auf der Landes- und
Bundesebene beschließen die Repräsentanten Gesetze und wählen
die Regierung, die ihnen Rechenschaft schuldig ist. So ist es zumindest in Deutschland. Es gibt auch andere Formen.

In den USA wird der Regierungschef nicht von der Legislative, sondern über eigene Repräsentanten (Wahlmänner) quasi direkt vom
Volk gewählt. Die Wahlmänner sind eine Tradition aus der Zeit, als
das großflächige und dünn besiedelte Land mit wesentlich geringe-
ren Kommunikations- und Transportmitteln als heute ein solches
System erfinden musste. Anders konnte vor 200 Jahren der Volks-
wille gar nicht in die Hauptstadt gelangen. Wie angemessen und
gerecht das in unserer Zeit der medialen Techniken noch ist, darf
man zwar fragen, aber als Ausländer nicht weiter vertiefen; das haben die Amerikaner zu bewerten. (Zurückhaltung statt Einmischung
in die politischen Systeme des Auslands würde umgekehrt übrigens
auch den USA gut zu Gesicht stehen.)

In Frankreich wird der Präsident (praktisch zugleich: Regierungschef) ebenfalls nicht von der Legislative, sondern -über einen Par-
teienfilter- vom Volk direkt gewählt. Dieser Präsident ist also auch
nicht der Legislative verantwortlich, sondern im Tagesgeschäft
„nur" auf sie angewiesen. Das ist unmittelbar keine alte Tradition,
sondern eine Einrichtung der Fünften Republik, die De Gaulle angesichts eines schwachen Präsidenten und eines starken Parlamentes
in der voraus gegangenen Vierten Republik eingeführt hat. Mittelbar
ist es eine alte Tradition aus der Zeit des Absolutismus. Eine wirksame Landesebene mit eigenen gesetzgeberischen Kompetenzen
gibt es in Frankreich praktisch nicht.

In der Schweiz finden wir auf der Bundesebene wieder das System der Legislativwahl durch das Volk und der Regierungs-wahl durch die Legislative. Auf der kantonalen Ebene werden Legislative und Regierung dagegen getrennt voneinander vom Volk gewählt, hier mit Direktwahl der Regierung. Die Initiative, auch auf Bundesebene die Regierung direkt vom Volk wählen zu lassen, ist 2013 durch Volksentscheid gescheitert.

Diese kurze und sehr unvollständige Übersicht zeigt, dass sich in verschiedenen Kulturen zu verschiedenen Zeiten verschiedene Repräsentationsformen entwickelt haben. Sie zeigt damit, dass es wohl nicht nur eine einzige richtige Repräsentationsform gibt. Es wäre in Deutschland sogar grundgesetzkonform, dass andere Repräsentationsformen entwickelt und beschlossen werden, wenn entsprechende zulässige Grundgesetzänderungen stattfinden.

Aktuelle Beispiele für bessere Repräsentationsformen wären die föderale Ebene, die im Interesse eines stärkeren Gewichtes eigenes Personal anstatt der Länderregierungen erhalten könnte. Oder eine Verminderung des grundgesetzlich nicht gewollten hohen Parteieneinflusses auf die Repräsentantenwahl, also eine Stärkung von Persönlichkeits-wahlformen einschließlich einer Rückstufung der 5%-Klausel. Oder die überfällige Einführung eines Korrektivs für das Repräsentationssystem insgesamt durch Einführung demokratischer *Abstimmung*sregeln. Es gibt noch viel zu tun auch für die repräsentative Demokratie.

Sozialstaat

Soziale Hilfe muss auf persönliche Unabhängigkeit zielen

Der Sozialstaat ist eine historische Errungenschaft nicht nur demokratischer Systeme. Er ist aber nicht der Hauptzweck demokratischer Staaten. Sozialstaatliche Einrichtungen und Institutionen sind zum Teil, besonders in Deutschland, eine Antwort damals noch monarchischer Systeme auf sozialrevolutionäre Bestrebungen. Die unter Bismarck geschaffenen Einrichtungen wurden später vom demokratischen Staat übernommen und weiterentwickelt.

Systeme der Sozialhilfe gab es auch in vielen älteren Gesellschaften. Sie wurden früher eher aus privaten Initiativen und oft aus religiösen Motiven gespeist. In allen großen Religionen gab es und gibt es bis heute Gebote der Brüderlichkeit, also Regelungen, dass die Wohlhabenderen die Bedürftigen unterstützen sollen. Die christlichen Kopten in Ägypten werden heute noch als Reiche von den Muslimen beargwöhnt, weil es unter ihnen keine Bettler gibt. Es gibt aber deshalb keine Bettler, weil in dieser Gemeinschaft das System der Abgabe eines Zehnten, sei es in Geld, sei es in Naturalien, weitgehend funktioniert. Viele christliche Gemeinschaften zum Beispiel in den USA üben bis heute vielfältige soziale Dienste, die in der christlichen Tradition bis tief ins Mittelalter zurück reichen. Die Krankenhäuser haben in Deutschland in dieser Tradition und Geisteshaltung ihren Ursprung und sie befinden sich zum Teil heute noch in kirchlicher Obhut. Auch andere Kulturen kennen solche Hilfssysteme.

Soziale Hilfsaufgaben hat im 20. Jahrhundert bei uns in zunehmendem Maß der Staat übernommen. Sei es aus ethischer Überzeugung, sei es als Ergebnis politischer Kämpfe, sei es vielleicht auch aus dem Motiv, mithilfe staatlicher Organisation Macht und Kontrolle zu etablieren. Daneben gibt es selbstverständlich weitere unzählige

Initiativen privater Aktivitäten im Bereich sozialer Hilfe und Selbsthilfe.

Mit der Übernahme von Sozialversicherungen in die Hoheit des Staates hat sich der Charakter dieses Bereiches verändert. Es sind Rechtsansprüche entstanden. Der Staat finanziert soziale Aufgaben entweder direkt über Steuern und obligatorische Abgaben oder er regelt per Gesetz die entsprechenden Versicherungen und schafft so Verhältnisse, die von der Gnade oder der Willkür von Gebern und Spendern unabhängig sind. Das hat Vorteile im Sinne eines sozial stabilen Gemeinwesens und natürlich auch für die einzelnen Hilfsempfänger, deren Leben an Sicherheit gewinnt oder überhaupt erst möglich wird. Die Vorteile springen ins Auge, wenn man Staaten betrachtet, in denen auf diesem Gebiet größere Freiheit und geringere Regelungen herrschen: da wird der Begriff der Freiheit leicht zum Zynismus.

Auf der anderen Seite ist nicht zu übersehen, dass Systeme der sozialen Absicherung auch missbraucht werden können. Es gibt Menschen, die nur im äußersten Notfall auf staatliche Unterstützung zurückgreifen, weil es ihrer Vorstellung von Selbständigkeit und Menschenwürde widerspricht. Es gibt aber auch Menschen, die auf Basis einer staatlichen Hilfe selbständige Initiative erlahmen lassen und die Grundversorgung durch die Gemeinschaft als ein Menschenrecht einfordern. In der Konsequenz sind inzwischen politische Bewegungen entstanden, die ein bedingungsloses Grundeinkommen für jedermann fordern. Die ethische Grundhaltung, Bedürftigen zu helfen hat sich im Verlauf der staatlichen Organisation von sozialer Hilfe scheinbar zu einem Rechtsanspruch nicht nur im Hilfsfall, sondern für eine generelle Lebensgrundlage verwandelt. Die demokratischen Institutionen drohen dann zu einem Feld zu werden, auf dem man sich so bewegt wie unsere frühen Vorfahren im Wald, wo sie sich ihre Lebensgrundlagen erjagen mussten. Die sozialstaatlichen Einrichtungen werden von manchen heute ähnlich benutzt: als sozialpolitischer Urwald, in dem man sich auskennen muss, um seine Ressourcen zu erhalten. Mit dem bedingungslosen Grundeinkommen wird quasi ein joy stick zur Vereinfachung dieser Mühsal gefordert. Das ist nicht die soziale Aufgabe, die einer Demokratie würdig ist.

Denn wenn demokratisches Leben nur mit selbständigen Bürgern möglich ist, dann ist die Etablierung von ganzen Bevölkerungsgruppen in existenzieller wirtschaftlicher Abhängigkeit von staatlichen Leistungen eine Schwächung der Demokratie. Es ist kein Zufall, dass diktatorische Systeme sich oft und mit Erfolg darum bemühen, ein Mindestmaß an sozialer Sicherheit zu schaffen, zumindest für politisch Folgsame, sodass sie dadurch auch ein Mindestmaß an Akzeptanz in der Bevölkerung erhalten. Man könnte das als gegenseitige Korruption zwischen Machthabern und Gefolgsleuten bezeichnen. Das funktioniert solange bis die Ressourcen aufgebraucht sind, denn diktatorische Systeme sind meist nicht in der Lage, dauerhaft wirtschaftliche Prosperität zu schaffen. Dazu braucht es mehr Freiheit.

Soziale Hilfe muss in der Demokratie das Ziel haben, den schwachen Bürger aus wirtschaftlicher Not zu befreien, nicht ihn dauerhaft abhängig zu machen. Im Fall von Krankheiten ist dies leichter einzusehen: hier ist das Ziel die Gesundheit, soweit Natur und Medizin das zulassen. Im Fall wirtschaftlicher Not wird das gleiche Prinzip nicht ganz so selbstverständlich eingesehen. Auch hier müsste es selbstverständlich sein, dass wirtschaftliche Selbständigkeit das Ziel von Sozialhilfe ist. Das erfordert psychologische, menschliche, unternehmerische Hilfe und Unterstützung mit dem Ziel der Unabhängigkeit, also der Endlichkeit von Sozialhilfe in jedem Einzelfall. Diese Aufgabenstellung mag man theoretisch einsehen; in der Praxis herrscht leider eine umfassende Untätigkeit und Phantasielosigkeit.

Die Gerechtigkeit ist untrennbar mit diesen Fragen verbunden, weil Sozialhilfe ja immer aus den Mitteln schöpft, die die Gemeinschaft zur Verfügung stellt. Wenn von Rechts-ansprüchen die Rede ist, hat zuerst die Gemeinschaft das Recht, über die Verwendung der Mittel zu bestimmen. Denn es sind ihre Mittel. Hier Gerechtigkeit zu schaffen, ist eine schwierige Aufgabe. Der Wille des Empfängers, aus der Bedürftigkeit herauszukommen, ist zu bewerten, die „schwarzen Schafe" sind zu finden und anders zu behandeln etc. In dieser Aufgabenstellung liegt eine große Gefahr von Missbrauch und Willkür durch die Entscheidungsgremien; dennoch ist die Aufgabe gestellt.

Gerechtigkeit ist leichter herzustellen bei einem chronisch oder unheilbar Kranken, der auf dauerhafte Hilfe angewiesen ist oder bei einem vorübergehend Kranken, der eben vorüber-gehend auf entsprechende Leistungen angewiesen ist, für die er meist auch in eine Solidargemeinschaft bezahlt hat. Auch bei der Altersversorgung liegen die Dinge relativ einfach. Wer sein Arbeitsleben altersbedingt abgeschlossen hat, wird dauerhaft Anspruch auf Bezüge haben. Durch den Generationenvertrag werden diese Ansprüche bei wechselnder Wirtschaftskraft allerdings fast naturnotwendig ungerecht wirken.

Schwieriger ist der Fall der Arbeitslosigkeit von Arbeitsfähigen. Hier ist die Höhe der Bezüge nur sehr begrenzte Zeit von der Höhe der eingezahlten Beträge abhängig. Danach erfolgt bald eine Gleichstellung von Menschen nach jahrzehntelangem Arbeitsleben mit Menschen, die erst wenig oder gar nicht gearbeitet und Beiträge gezahlt haben. Vorschläge für mehr Gerechtigkeit sind an dieser Stelle ebenso schwierig wie willkommen. In den USA gibt es schon seit den 1970er Jahren ein relativ wirksames System (Earned Income Tax Credit) für Geringverdiener, welches finanzielle Vor- (und Nach-)teile mit der Eigeninitiative zur wirtschaftlichen Selbständigkeit verbindet. Die Forderung, dass sogar Nichtbürger, die nie eingezahlt haben, Ansprüche hätten, ist 2014 in Deutschland durch einen Vorstoß europäischer Institutionen auf´s Tapet gebracht worden. Das mag einem Zeitgeist für Gleichstellung entsprechen, hat aber nichts mit Gerechtigkeit oder Souveränität zu tun.

Kurz: Ein demokratischer Sozialstaat hat die Pflicht, für die verschiedenen Fälle von sozialer Bedürftigkeit Mittel bereitzustellen und Versicherungssysteme gesetzlich zu regeln, die in privater Initiative funktionieren. Er hat auch das Recht und sogar die Pflicht, über die Bereitstellung der Mittel hinaus diese so zu organisieren und zu ergänzen, dass die Selbständigkeit der Bürger dadurch gefördert wird. Daneben steht es einer freien Gesellschaft selbstverständlich frei, außerstaatliche Hilfssysteme und Stiftungen zu organisieren.

Territorium

Wer entscheidet darüber, welches Territorium als demokratische Einheit definiert wird? Wer hat in der Vergangenheit darüber entschieden? Richtig! In der Regel waren das keine friedlichen und demokratisch wohlgeordneten Entscheidungen, sondern Ergebnisse von Machtkämpfen und Kriegen. Meist haben wenige einflussreiche Eliten die Provinzen je nach Kräfteverhältnis von einem Landesherrn zum anderen geschoben. Im besten Fall geschah es durch Heiraten und Herstellen verwandtschaftlicher Beziehungen im international vernetzten Hochadel, im schlechten Fall durch Kriege. Europa ist vor allem nach heißen Kriegen 1815, 1871, 1919, 1945 und nach dem Kalten Krieg 1990 ff territorial jeweils neu sortiert worden, in jüngerer Vergangenheit auch wieder mit heißeren Kriegen.

Andere Staaten entstanden dadurch, dass Kolonialherren auf der Landkarte ihre Claims gegeneinander absteckten, vor allem Afrika ist davon geprägt. Auch bei der Entkolonialisierung herrschte oft Willkür wie zum Beispiel im Fall Indien und Pakistan. Meist spielte es eine Rolle, ob das jeweilige Territorium über Bodenschätze oder geostrategische Positionen verfügte, die es für nahe oder ferne Nachbarn interessant machten. Die letzte spanische Kolonie in der Westsahara kann seit 1975 trotz des Willens der Sahraoui bis heute nicht selbständig werden, weil der Nachbar Marokko an den Phosphatvorkommen Interesse hat. Die Beispiele für nahezu unsterbliche territoriale Gewaltherde, die aus solchen Motiven leben, sind Legion.

Auch die europäische Landkarte wird bis in unsere Tage immer wieder neu geordnet und man kann kaum beobachten, dass dies Resultate von demokratisch geordneten Vorgängen sind. Innere Erosionsprozesse von undemokratischen Staaten ließen zum Beispiel das Sowjetreich in verschiedene Einzelstaaten zerfallen, ohne dass diese dadurch automatisch demokratisch geworden wären. Bessere Chancen dazu als im riesigen Sowjetreich haben sie dazu allerdings schon. Mit Kriegen, die sich nur äußerlich von den Kabinettskriegen früherer Jahrhunderte unterscheiden, wurde kürzlich erst Jugoslawien zerschlagen und zu neuen Protektoraten mit teilweise von außen eingesetzten Gouverneuren gemacht.

Etwas Neues zum Thema Territorium ist mit dem sogenannten europäischen Integrationsprozess zu beobachten. Hier ist eine politische / wirtschaftliche Elite dabei, demokratische Nationalstaaten aufzulösen und deren Kompetenzen auf ein nicht demokratisch organisiertes supranationales Gebilde zu übertragen. Die Repräsentanten der Nationalstaaten nutzen ihre Positionen für die Aushöhlung der ihnen anvertrauen Demokratien. Ein schleichender Hochverrat löst demokratisch organisierte Territorien praktisch auf und schafft ein neues zentralistisches Großreich mit völlig anderen inneren Strukturen. In wenigen europäischen Staaten gab es Volksabstimmungen zur Frage einer EU-Verfassung, eher mit negativen Ergebnissen.

Es gibt auch Beispiele für demokratische Territorialentscheidungen. In Deutschland hat sich das Saarland per Volksentscheid für den Beitritt zur Bundesrepublik Deutschland entschieden. Die Bürger der DDR durften das allerdings schon nicht mehr. Hier entschieden nicht die Bürger, sondern deren auf die Schnelle irgendwie bestimmten Repräsentanten über den Beitritt zur Bundesrepublik. Auch die mit Artikel 146 des Grundgesetzes vorgesehene Möglichkeit, sich nun auf demokratischem Weg eine Verfassung zu geben, wurde ignoriert. Im Ergebnis ist eine größere Bundesrepublik Deutschland entstanden, ein anderes Territorium. War dieser Vorgang demokratisch?

Der historische Sonderfall Schweiz ist auch in diesem Zusammenhang zu nennen. Hier geschah der Zusammenschluss der Kantone zur Eidgenossenschaft nach den bis dahin ausgebildeten demokratischen Regeln. Man schloss sich weitgehend aus freien Stücken und Mehrheitsentscheiden zusammen, versteht sich daher als Willensnation und hat sogar Eintrittsbegehren – zum Beispiel von Vorarlberg - auch schon abgewiesen. Solche demokratischen Territorialbestimmungen sind historische Ausnahmen.

Andere Versuche, territoriale Neuordnung mit den demokratischen Mittel der Zeit zu erreichen, gibt es hier und da. Zur Zeit streben in Schottland starke Kräfte danach, als Nation aus dem United Kingdom auszutreten, womit ein neuer „Vollstaat" entstehen würde, der auch außenpolitisch nicht mehr von London vertreten werden würde. Grönland bemüht sich seit langem um eine immer größere Autonomie von Dänemark; aus der EU ist dieser Teilstaat bereits ausgetreten. Die Krim hat sich 2014 für einen Austritt aus der Ukraine entschieden, ohne dass die Ukraine in diesen Prozess der territorialen Veränderung einbezogen wurde. Vorher hatten sich allerdings westliche Staaten und Söldnertruppen massiv in die inneren Angelegenheiten der Ukraine eingemischt; die Abstimmung fand dann unter russischer Militärpräsenz statt. Machtpolitik as usual von beiden Seiten, könnte man sagen, wenn nicht Russland eindeutig das strategische Ziel der Angriffe gewesen wäre. Gewiss müssen auch für berechtigte Sezessionsbestrebungen völkerrechtliche Regeln eingehalten werden. Im Fall der Krim ging es aber wohl eher um die Selbstverteidigung Russlands.

Auch der Sezessions-Versuch von elf US-Staaten, im 19. Jahrhundert, aus der Union auszutreten, ist einen Gedanken wert. Der von der Nord-Union daraufhin begonnene Krieg ist vor allem als Auseinandersetzung um das Thema Sklaverei in die Geschichtsbücher eingegangen. Tatsächlich haben die elf Sezessionsstaaten ihren Austritt aus den USA mit den damaligen demokratischen Mitteln aus handelspolitischen Gründen vollzogen. Sie haben eine Conföderation sozusagen als Willensnation gegründet mit eigener Hauptstadt und eigenem Präsidenten und hatten wohl das gleiche Recht dazu, das die USA selbst bei ihrer Gründung und Loslösung vom Mutterstaat England gehabt hatten. Der Unionspräsident Lincoln akzeptierte das nicht aus eigenen wirtschaftlichen Gründen. Die Abschaffung der Sklaverei in den Südstaaten – und zunächst nur dort! – durch einen Erlass des Nordstaaten-Präsidenten war ein militärischer Schachzug der Nord-Union im Verlauf eines schrecklichen Krieges, um die Süd-Conföderierten zu schwächen. Selbstverständlich war die Abschaffung der Sklaverei richtig und längst überfällig. Tatsächlich wurde die Sklaverei aber auch im Norden erst nach dem Krieg abgeschafft; Apartheid bestand offiziell noch bis in die Tage von Rosa Parker und Martin Luther King und lebt real bis heute. Das Beispiel soll zeigen, dass die USA mit ihrer Geschichtsschreibung – „Bürger"krieg als Sklavenbefreiung - ihre sehr fragwürdige und bis heute geübte Praxis begründet haben, wirtschaftspolitisch motivierte Territorialkriege sehr selbstgerecht mit menschenrechtlichen Argumenten zu legitimieren.

Insgesamt gilt die Einsicht, dass die Entwicklung der Demokratie in den Grenzen erfolgen muss, die leider meist ohne demokratische Legitimation gezogen worden sind. Andere Wege sind blutige Wege. Die Anerkennung von bestehenden Grenzen, wenn sie nicht allzu willkürlich historische und kulturelle Zusammenhänge durchschneiden und von den Betroffenen abgelehnt werden, ist eine Voraussetzung für die friedliche Entwicklung von Demokratie. Territorialeroberungen über die eigenen Grenzen hinaus führen kaum zu neuen demokratischen Einheiten. Austritte aus größeren Einheiten können schon eher dazu führen. Demokratie ist gerade auch beim Territorium dem Kleinen näher verwandt als dem Großen.

Unterschiede

Freiheit und Gleichheit müssen auf Individualität bezogen werden

In der Demokratie sind alle Menschen gleich. Tatsächlich sind die Individuen aber alle unterschiedlich. Wie passt das zusammen?

Die gängige Erklärung seit der Französischen Revolution: es gibt eine Gleichheit an Rechten als Basis für das in diesem Rahmen individuell unterschiedliche Leben. Jeder darf prinzipiell jedes Amt übernehmen und alle sind vor dem Gesetz mit den erlaubten individuellen Unterschieden gleich. Ist damit schon alles klar?

Zumindest ist klar, dass es einen Spannungsbogen gibt zwischen politischer Gleichheit und der ebenso wichtigen Freiheit, mit der ja immer Unterschiede zum Vorschein kommen, welche die Gleichheit dann wieder in Frage stellen können. Zum Beispiel kann durch das Recht auf Eigentum die gesellschaftliche Gleichheit partiell in Frage gestellt werden. Deshalb plädieren Sozialisten seit bald 200 Jahren für die Abschaffung des Eigentums an Produktionsmitteln oder, nach ausreichend negativen historischen Erfahrungen, zumindest für eine starke fiskalische Umverteilung mittels Eingriff in die Eigentumsrechte.

Nicht nur in der Privatwirtschaft, sondern generell im Arbeitsleben gibt es Hierarchien mit unterschiedlichen Rechten und Pflichten für die Beteiligten, mit unterschiedlicher Befugnis und Verantwortung. Ohne weitgehende Arbeitsteilung würde das Wirtschaftsleben nicht funktionieren. Die Arbeitsteilung geht zwangsläufig mit Unterschieden, mit Ungleichheiten einschließlich unterschiedlichen Weisungsrechten einher. Dass damit auch Missbrauch getrieben werden kann, ändert nichts an der Notwendigkeit. Merkmal von Demokratie ist dabei, dass die funktionalen Hierarchien rechtsstaatlich definiert sind. Recht und Freiheit heißt hier nicht: Gleichheit auf allen Gebieten, sondern ständiges wechselseitiges Ausbalancieren des Zielkonfliktes zwischen Gleichheit und Freiheit (auch am Eigentum) im Interesse des Funktionierens komplexer Vorgänge, aber auch im Interesse eines – nie einheitlichen - Gerechtigkeitsempfindens.

Es ist zu beobachten, dass dieses Ausbalancieren an verschiedenen Stellen aus dem Lot gerät. Natürliche und funktionsnotwendige Unterschiede werden unter ein unangemessenes Gleichheitsgebot gestellt. Das geschieht vor allem auf gesellschaftlichen Gebieten, von denen viele Menschen betroffen sind. Der Arzt, unabhängig davon, dass er selbst ein Wirtschaftssubjekt ist, steht in seiner Beziehung zum Patienten als ein leuchtendes Beispiel für ein Kompetenzgefälle: er hat es gelernt, Krankheiten zu heilen, soweit die Wissenschaft das zulässt. Ähnlich einleuchtend ist dies beim Lehrer oder beim Ingenieur. Sollte man meinen. Es finden aber Bestrebungen statt, solche Selbstverständlichkeiten aufzuweichen und Unterschiede einzuebnen.

Im Gesundheitswesen gerät die Beurteilung von Patienten unter den Rasenmäher von Budgetierungspunkten. Der Arzt als ein dem Patienten hoffentlich sehr Ungleicher wird zunehmend an den Rand gedrängt in seiner medizinischen Kompetenz. Wirtschaftskriterien schreiben vor, dass für eine Patientenzahl x ein Budget y zur Verfügung steht, dass eine Therapie mit einem festgelegten Aufwand zu durchzuführen ist. Gleichzeitig werden die Krankheitsbegriffe vor allem im psychischen Bereich immer weiter aufgefächert, sodass bald für jede normale menschliche Regung Abnormitätspunkte vergeben werden können – und ebenso dazu passende Pharmaka. Krankheiten werden mit Preisschildern versehen und wie Waren gehandelt. Ganz „gerecht", weil gleich und ungestört von individuellen Unterschieden.

Im Bildungsbereich werden „pädagogische" Konzepte eingeführt, gemäß denen der Lehrer die Schüler nicht mehr belehren und erziehen, sondern allenfalls begleiten soll in deren selbstgewähltem Lernprozess. Der Schüler wird damit zum fertigen Erwachsenen erklärt, er soll ja nicht bevormundet werden. Dass dabei gerade die Schwächeren zurück bleiben, ist bereits zu beobachten. Die verschiedenen ideologischen Quellen, aus denen solcher Unsinn gespeist und zum wiederholten Mal seit den 60er Jahren aufgewärmt wird, stehen hier nicht zur Debatte. Hier wird nur darauf hingewiesen, dass damit ein pervertiertes Demokratieverständnis gepflegt wird. Es wird aktiv ignoriert, dass Bildung die Führung junger Persönlichkeiten hin zu ihren Möglichkeiten ist. Wer Bildung und Erziehung als Herrschaftspraxis diskriminiert, der führt zwar die Demokratie im Mund, schafft aber ihre Basis, den mündigen Bürger, ab.

Nächster Schritt, bleiben wir im Bildungsbereich, ist die Abschaffung der Förderschulen, in denen unterschiedlich behinderte Menschen bisher gezielt gefördert wurden. Das Argument lautet, Förderschule sei Diskriminierung. Per Inklusion, so das Modewort, sollen rollstuhlfahrende, blinde, gehörlose, spastische und schwer erziehbare Schüler nicht nur in normale Klassen gesteckt werden, sondern die Spezialeinrichtungen als Ausweichmöglichkeit werden schritt-weise abgeschafft. Dadurch werden sie wesentlicher spezifischer Hilfen beraubt, aber das sehen nur politisch denkende Schreibtischtäter leider nicht. Der zweifellos schöne Gedanke des gemeinsamen Lernens wird tatsächlich zum Propaganda-etikett für Sparmaßnahmen und Bildungsabbau. In vielen Fällen wird man damit weder den Schülern in den Regelklassen noch denen, die dort überfordert sind, gerecht.

Was geht hier vor? Die kurz genannten Beispiele stehen nur stellvertretend für andere. Aber sie sind nicht zufällig genannt. Auf anderen Gebieten, sagen wir der Entwicklung neuer Datenspeicher oder der Drohnentechnologie wird man kaum darauf verzichten, die besten Fachleute zu Leitern von Arbeitsgruppen mit klaren Weisungsbefugnissen zu machen und Hierarchien entsprechend den fachlichen Fähigkeiten einzurichten. Antidiskriminierungskampagnen von Mitarbeitern solcher Arbeitsgruppen sind nicht bekannt geworden –ggf. geht man dann anders damit um.

Ist es ein Zufall, dass in wirtschaftlichen, technologischen und sicher in den militärischen Spitzenbereichen solche Selbstverständlichkeiten nicht der Rede wert sind, während sich im Bereich der Volksbildung und der Volksgesundheit die Scharlatane breit machen dürfen, die im Kern nur die Ökonomisierungspresse bedienen, die man natürlich nicht so nennt, sondern als notwendige Gleichheit und Freiheit verkauft, während Elitebereiche ebenso selbstverständlich und „undemokratisch" organisiert und gefördert werden?

Unterschiede zu leugnen und „demokratisch" einzuebnen, ist ein Angriff auf das Individuum und seine Persönlichkeitsrechte. Wer meint, aus Gleichbehandlung erwachse Gerechtigkeit, hat nichts verstanden. Wo ein Gefälle gegeben ist wie zwischen Meister und Lehrling (um es einfach auszudrücken), ist der Vorsprung des Meisters für den Lehrling zu nutzen und nicht „im Interesse der Gleichheit und der Vermeidung von Diskriminierung" zu leugnen. Damit kommt der Lehrling nicht voran. Und wo die Unterschiede zwischen den Menschen zu unterschiedlichen individuellen Lebensäußerungen führen, die niemandem schaden, kann man sich daran freuen.

Was würde nicht alles fehlen an kulturellem Reichtum, wenn das politische Gleichheitsgebot totalitär auf die ganze Gesellschaft geschüttet werden würde? In einer Diktatur fällt einer schon unangenehm auf, wenn er in einer grauen Siedlung sein Haus rot anstreicht. Das 20. Jahrhundert kennt in Deutschland verschiedene Varianten von entarteter und staatlich verordneter Kunst, von verbrannten, verbotenen und des Landes verwiesenen Dichtern. Unterschiede, also individuelle Lebensäußerungen zu leugnen und zu missachten, ist ein sicheres Zeichen für den Angriff auf die Demokratie, auf den souveränen Bürger. Das gilt für die Missachtung individueller Kreativität ebenso wie für die Missachtung individuell unterschiedlicher Hilfs- und Entwicklungsbedürftigkeit.

Mit dem Satz des Philosophen Hegel: wer Abstraktionen gegen die Wirklichkeit geltend mache, zerstöre diese, ist nicht nur im Denken, sondern auch in der Wirklichkeit der Weg in die Diktatur benannt. Ein abstraktes Gleichheitspostulat ist ein Zerstörer demokratischer Kultur. Diktatur muss nicht immer nur mit Pickelhauben oder Hakenkreuzen daher kommen.

Verfassung

Die Bürger müssen ihre Verfassung selbst bestimmen können

Die Verfassung eines Landes ist die Grundregel, das Fundament, von dem aus das Gemeinwesen gestaltet wird. Ihre Entstehung geschieht oftmals nicht auf demokratischem Weg, auch wenn sie eine Demokratie begründen soll. Dieser Widerspruch liegt in der Natur der Sache. Wie soll eine demokratische Verfassung entstehen, wenn noch keine demokratischen Strukturen vorhanden sind?

Die amerikanische Verfassung ist von wenigen selbsternannten Verfassungsvätern geschrieben und nach einem Befreiungskrieg gegen England in Kraft gesetzt worden. Das deutsche Grundgesetz wurde von einem parlamentarischen Rat geschrieben, den die westlichen Siegermächte des Krieges eingesetzt hatten. Die aktuelle französische Verfassung der V. Republik stammt im Wesentlichen aus De Gaulles Feder, der sie dann, legitimiert auch durch Wahlen, wirksam werden ließ. Fast schon eine Ausnahme ist die portugiesische Verfassung, die nach der Nelkenrevolution 1974 von einer verfassungsgebenden Versammlung im Verlauf eines Jahres erarbeitet wurde: die verfassungsgebende Versammlung ging aus einer allgemeinen Parteien-Proporzwahl hervor.

Beinahe wichtiger als die erste Entstehung einer Verfassung ist wohl, ob und wie das Volk weiterhin Einfluss darauf nehmen kann. Es gibt Verfassungen wie die der USA oder z.B. der Türkei, die sich von vornherein für fast immun gegenüber Veränderungen erklären und damit einen einmaligen Wahrheitsanspruch behaupten. Die Schweizer Verfassung hat dagegen seit ihrem Entstehen im 19. Jahrhundert zahlreiche Veränderungen erfahren. Hier geschehen Änderungen auch durch das Volk direkt als Abstimmungen über einzelne Änderungen oder sogar als Gesamtrevision. Auch das deutsche Grundgesetz hat zahlreiche Änderungen erfahren. Allerdings kennt das deutsche Grundgesetz eine „Ewigkeitsklausel" in

Artikel 79, die sich auf die in den Artikeln 1 – 20 formulierten Grund- und Menschenrechte, nicht auf das GG als Ganzes bezieht. Damit steht das Grundgesetz Änderungen offen, allerdings keinen Änderungen, die die Grund- oder Menschen-rechte berühren. Mit diesem ewigen Wahrheitsanspruch wurde eine Lehre aus dem Verbrechen Nationalsozialismus gezogen und gewissermaßen ein moderner Rütlischwur abgelegt.

Die Änderungen des deutschen GG werden „repräsentativ" im Bundestag mit Zweidrittel Mehrheit meist ohne Aufmerksamkeit der breiten Öffentlichkeit beschlossen. Darin liegt die Gefahr einer fehlenden Bürgernähe der Verfassung, und zwar nicht nur theoretisch. Das kann an einem Beispiel gezeigt werden. Das deutsche Grundgesetz wurde in den 1990er Jahren in dem Sinne geändert, dass es zur Abgabe von Souveränitätsrechten an die Europäische Union benutzt und entsprechend umformuliert wurde. Als eine Basis, die dies erlaube, wird gelegentlich Artikel 24(1) genannt, in dem es heißt „Der Bund kann durch Gesetz Hoheitsrechte auf zwischenstaatliche Einrichtungen übertragen." Damit sind aber zum Beispiel Zollbehörden im Grenzverkehr gemeint. Hier wird kein Stück Souveränität abgegeben. Vor allem sind zwischenstaatliche Einrichtungen keine supranationalen Einrichtungen, wie es die EU-Institutionen sind. Artikel 24 formuliert also kein Recht zur Souveränitätsabgabe.

Dennoch wurde auch mit solch falschem Bezug nach der Wiedervereinigung der Artikel 23 völlig neu geschrieben. Bis dahin regelte dieser Artikel lediglich, welche Bundesländer zum Bund gehören und dass weitere beitreten können. Auf dieser Basis war in den 50er Jahren das Saarland nach einer Volksabstimmung beigetreten. Nach dem Beitritt der fünf ostdeutschen Länder – ohne Volksabstimmung! - erschien dieser Artikel als historisch überholt und wurde mit 2/3-Mehrheit im Bundestag durch einen neuen 23 ersetzt, der die Verwirklichung der Europäischen Union und die deutsche Beteilung daran regelt. Aus dem Föderalismus nach unten wurde sozusagen ein Föderalismus nach oben.

In den Formulierungen des neuen Artikels 23 wurden die Souveränitätsabgabe und die Auflösung der nationalen Legislative zugunsten einer suprastaatlichen Exekutive festgelegt. So heißt es dort: „Die Bundesregierung gibt dem Bundestag Gelegenheit zur Stellungnahme vor ihrer Mitwirkung an Rechtsetzungsakten der Europäischen Union." Weiter wird ausgeführt, dass die Bundesregierung diese Stellungnahme, bzw. soweit die Gesetzgebungshoheit der Bundesländer betroffen ist, auch die Stellungnahme des Bundesrates, berücksichtigt. Also: die Rechtsetzung, das Legislativrecht, geschieht durch die Europäische Union, konkret durch die Kommission und ihre Organe, die Bundesregierung wirkt daran mit und sie berücksichtigt bei ihrer Mitwirkung die Stellungnahmen unserer Legislative, im Fall der Bundesländer nicht einmal die von deren Legislativen, sondern die der Länderregierungen (denn diese bilden den Bundesrat). Was „Berücksichtigung" heißt, kann man nicht nachlesen, aber man kann es sich denken: nichts Verbindliches.

Damit ist unser gewaltenteiliges föderales Gesetzgebungssystem abgeschafft worden. Wer diesen Satz für überzogen hält, muss sich den vorangehenden Abschnitt noch einmal auf der Zunge, oder besser im Gehirn, zergehen lassen. Die Praxis bestätigt die neue Grundgesetzlichkeit. Bereits in der Periode 1998 - 2004 hat der Bundestag zu 84 % Gesetze beschlossen (Auskunft des Bundesjustizministers), die auf Initiative der Europäischen Kommission (supranationale Exekutive) eingebracht worden seien. Befürworter dieses Vorganges nennen das verschämt ein Demokratiedefizit. Tatsächlich ist es die Abschaffung der nationalen und föderalen Legislative zugunsten einer supranationalen Exekutiv-Rechtsetzung. Fast überflüssig zu ergänzen, dass Gesetze, die noch auf nationaler oder föderaler Ebene eingebracht werden, nur Bestand haben, wenn sie europäischen Regeln nicht widersprechen. Dabei beschränkt sich die europäische Exekutiv-Legislative keineswegs auf übergeordnete

Themen, die national allein nicht geregelt werden können. Über den ESM sind nun auch Haushaltsrechte supranational delegiert worden, denen leider auch das Bundesverfassungsgericht nach ein paar Korrekturen seine Zustimmung gegeben hat; ein Schutz ist von hier also nicht mehr zu erwarten.

Als offene Provokation, die leider niemanden provoziert hat, muss man es bezeichnen, dass inzwischen auch die Präambel des Grundgesetzes geändert wurde. Früher hieß es dort: „…von dem Willen beseelt, seine nationale und staatliche Einheit zu wahren und als gleichberechtigtes Glied in einem vereinten Europa dem Frieden der Welt zu dienen…". Der Passus „seine nationale und staatliche Einheit zu wahren und" ist in der aktuellen Präambel gestrichen. Es gibt ihn nicht mehr. Kann man deutlicher zum Ausdruck bringen, dass unsere Repräsentanten die deutsche Demokratie aufgegeben haben? Zugunsten einer europäischen Nicht-Demokratie?

Inzwischen haben sich politische Kräfte gebildet, die Regelungen für Volksentscheide auf Bundesebene erwirken und das Grundgesetz in diese Richtung ändern wollen. Es ist überfällig, Abstimmungen (Art. 20 GG), endlich als Gesetzgebung zu realisieren. Dazu ist tatsächlich eine Grundgesetzänderung nötig, denn Volksabstimmungen über Gesetze würden dem Grundgesetz in seiner bisherigen Form widersprechen. Gesetzesinitiativen sind dort für Legislative und Exekutive vorbehalten.

Ob man über sinnvolle Grundgesetzänderungen hinaus den Verfassungsauftrag des Art. 146 heute realisieren sollte, ist eine schwierige Abwägung. Theoretisch wäre eine Verfassung mit klaren direktdemokratischen und besseren föderalen Institutionen wünschenswert. Eine demokratische Verfassung müsste klarer als bisher die nationale Demokratie mit subsidiärem Aufbau in den Mittelpunkt stellen. Tatsächlich wird aber eine Verfassungsdiskussion gelegentlich auch von den EU-Strategen aufgebracht, die über große mediale Propaganda-instrumente verfügen. Daher sollte sich die demokratische

Optimierung unseres Grundgesetzes wohl eher auf einzelne Schritte beschränken. Vor allem sollten alle Akteure sich den Geist des Grundgesetzes wieder verinnerlichen statt ihn mit juristischen Winkelzügen anderen Machtinteressen anzudienen.

Würde

Menschenwürde lebt zuerst in der Kultur, danach in der Justiz

Die Würde des Menschen ist unantastbar – lautet der erste Satz unseres Grundgesetzes. Er besagt nicht, dass sie nicht angetastet werden darf, sondern dass sie nicht angetastet werden kann. Auch wenn es Beleidigungen, Verletzungen, Verstöße gegen die Grund- und Menschenrechte gibt – nichts davon tastet die Würde des Menschen an; diese geht auch einem Gefolterten keine Sekunde verloren. Sie steht unvermindert auch dem Analphabeten zu. Jeder Mensch hat sie. Immer und überall. Das ist die Idee, von der aus Menschenwürde verstanden werden soll.

Zur Demokratie gehört dieses Thema untrennbar, weil es von der Gleichheit aller Menschen ausgeht. Zur Demokratie als Staatsform gehört, dass sie die Würde eines jeden zu schützen, das heißt unwürdiges Verhalten gegenüber anderen zu verhindern hat. Wie geschieht das? Wie weit geht dabei die Handlungsvollmacht des Staates? Ist mit staatlichem Handeln bereits alles getan, was mit Menschenwürde zu tun hat?

Natürlich muss der demokratische Staat selbst in seinen Handlungen die Menschenwürde achten, die seiner Bürger ebenso wie die aller anderen Menschen, praktisch auch die der anderen souveränen Nationen. Denn deren Bürger leben außerhalb seines Hoheitsgebietes und sind seinem Handeln nicht anders zugänglich als über den Respekt vor ihrer Nation. Als zweites muss er die persönlichen Freiheiten und Rechte eines jeden Bürgers gegen Angriffe eines anderen Bürgers schützen. Diese beiden Aufgaben betreffen das Staatshandeln und die Rechtspflege und sind unter Demokraten wohl kaum Gegenstand streitiger Diskussion. Daher sind sie hier nicht zu vertiefen.

Ebenso interessant sind aber auch das tägliche Leben der Bürger und ihr Verhalten untereinander im Rahmen ihrer Freiheit und unterhalb einer Illegalitätsschwelle. Wie weit ist hier unwürdiges Verhalten „erlaubt"? Was kann oder muss auf diesem Feld in einer Demokratie erwartet und vorausgesetzt werden? Was müssen die Bürger von sich selbst erwarten, wenn sie selbst Demokraten und ihre Gesellschaft eine demokratische sein wollen – unabhängig von Wahlen und Gewaltenteilung? Damit ist nach der demokratischen Kultur einer Gesellschaft gefragt.

Ein Beispiel: Unter Jugendlichen und selbst jungen Erwachsenen, ist es in manchen Kreisen Usus geworden, Alkoholexzesse zu üben, Komasaufen im Volksmund. Todesfälle sind gelegentlich bekannt geworden, von anderen individuellen und gesellschaftlichen Schäden zu schweigen. Eltern, Erwachsene wissen oder ahnen es, oft ohne es genau wissen zu wollen. Abgesehen von der Fürsorgepflicht gegenüber Minderjährigen – um diesen justiziablen Tatbestand soll es hier nicht gehen – entsteht die Frage, ob es die Menschenwürde gebietet, einzugreifen. Oder gebietet es die Menschenwürde, zu der ja auch die persönliche Freiheit zählt, gerade nicht einzugreifen? Bei diesem Beispiel mag man noch nachdenklich den Kopf wiegen und vielleicht wehmütig an eigene Jugendjahre denken.

Ein anderes Beispiel: Man hört gelegentlich, dass in der russischen Armee Folterrituale weit verbreitet sind. Junge Rekruten werden von älteren schikaniert, müssen diverse Prüfungen, also Erniedrigungen über sich ergehen lassen, Todesfälle und Selbstmorde sind nicht selten. Hier gestehen wir gern zu, dass dies wohl Auswüchse einer lange Zeit – oder heute noch – undemokratischen gesellschaftlichen Tradition sind. Folterexzesse westlicher Söldner im Mittleren Osten sehen wir dagegen nicht als Auswüchse einer entsprechenden „Kultur", sondern als bedauerliche Ausnahmen.

Aber was sagen wir zu ähnlichen Praktiken in den USA, die nicht in der Armee, sondern an namhaften Hochschulen stattfinden? Dort sind organisierte Saufgelage, erniedrigende Initiationsrituale, sexuelle Belästigungen gang und gäbe. Sie sind Basis einer Stufenleiter in gewissen studentischen Netzwerken für soziales Ansehen, die dann auch Basis für berufliches Fortkommen sind. Ausgehend von Eliteuniversitäten (!) hat sich dieses als Hazing bekannte Phänomen über andere Hochschulen weit verbreitet und ist wohl eine der vielen Errungenschaften, die wir in abgeschwächter Form aus den USA als Mobbing übernommen haben. Immerhin ist Hazing in den meisten US-Staaten inzwischen strafbar, was natürlich noch nichts über die Praxis besagt.

Untypische Auswüchse? Das ist hier nicht zu beurteilen, aber was sagen wir zu folgendem Beispiel: In den USA, bleiben wir bei dieser führenden befreundeten Weltmacht, gibt es eine Bewegung, bei der Eltern ihre Kinder stolz in Boxvereine bringen, wo sie in Käfige gesteckt aufeinander einprügeln, Fünfjährige, Zehnjährige, Jungen, Mädchen; es gibt Meisterschaften mit Siegern und ebenso vielen Verlieren. Anfang 2014 bewegten sich ungefähr 3 Millionen Kinder auf diesem Feld. Früh übt sich, was ein würdiger Demokrat werden will, der den Rest der Welt von seiner überlegenen Kultur überzeugen muss.

Die gesellschaftliche und individuelle Kür menschen-würdigen Umgangs soll mit diesen fast beliebigen Beispielen nur kurz beleuchtet werden. Jeder kennt Beispiele aus seinem persönlichen Lebensbereich, die einem würdigen Verhalten widersprechen. Hier beginnt aber die Demokratie. Dabei müssen wir überlegen, wie unwürdige Verhaltensweisen und Traditionen gegenüber dem Gut der Freiheit abzuwiegen sind. Bevor wir Polizei und Staatsanwaltschaft rufen, um eine würdige demokratische Gesellschaft sicherzustellen, geben wir Bürger der Gesellschaft, der Kultur ihr Gesicht. Das politische System ist nur ein Teil dieser Kultur. Nicht alles kann oder soll justiziabel werden, sonst verschwindet die Freiheit zugunsten einer

Sittenpolizei, heute political correctness, deren Herrschaft bluts-
verwandt mit der Diktatur ist.

Demokratie stößt beim Abwägen zwischen persönlicher Freiheit
und persönlicher Würde an die Grenze dessen, was staatliches Handeln leisten kann. Einmal mehr ist der verantwortliche Bürger gefordert, der die Demokratie eben nicht nur durch Wahlen und Abstimmungen gestaltet, sondern ebenso durch sein persönliches Leben, seinen Anstand im Alltag, seine Zivilcourage. Nur wo würdiger
Umgang in der Gesellschaft dominiert, können auch die demokratischen Institutionen ihren Sinn erfüllen.

Xenophiles

Nicht nur einer, alle müssen mitdenken

Fremdenliebe begegnete uns bereits im Artikel Krieg. Hier soll Gastfreundschaft in Form einer Danksagung geübt werden. Es liegt in der Natur des Themas, dass eine solche Schrift nicht nur von eigener Überlegung, sondern auch von der geistigen Arbeit anderer profitiert. Aber nicht alle Einflüsse, denen zu danken wäre, angefangen bei einigen unvergesslichen Äußerungen meines Großvaters vor über 50 Jahren, können angemessen aufgelistet werden. So beschränke ich mich darauf, einige unvollständige Anregungen zu geben, die der interessierte Leser in verschiedene Richtungen vertiefen kann.

Aus Respekt vor dem Thema Demokratie und Meinungsfreiheit nenne ich die thematisch breit und tief angelegte Aufsatzsammlung *Die Grammatik der Freiheit*, deren Autor Peter Graf Kielmannsegg wohl nicht alle in diesem Text enthaltenen Thesen unterstützen würde. Aber die Haltung, mit der er sehr kenntnisreich Fragen der Demokratie erörtert, ist so sympathisch abwägend, dass die Lektüre nur gewinnbringend sein kann. Die wirklich gesprochene *Sprache der Freiheit*, also zum Beispiel die zahllosen undemokratischen Versuchungen, denen die Repräsentanten ausgesetzt sind, wird in dieser „Grammatik" naturgemäß weniger thematisiert. Dafür treten Grundgedanken zum demokratischen System umso deutlicher hervor.

Die Schweizer Genossenschaftszeitschrift *Zeitfragen* bietet als Periodikum immer wieder wertvolle Informationen und Kommentare und ist mir daher unverzichtbar geworden. Um bei dem historischen Sonderfall Schweiz zu bleiben: Die Forschungsarbeiten von René Roca zur Schweizer Geschichte (Hrsg. Zentrum Demokratie Aarau) sind ein wertvoller Schatz, wenn man sich dafür interessiert, was den Menschen möglich war (und ist), um zu einer demokratischen Gesellschaft zu kommen.

Ich scheue mich nicht, die Lektüre des *Grundgesetzes* zu empfehlen, aber bitte in einer alten und in einer neuen Fassung; die Unterschiede sind lehrreich.

Zu dem Problem, wie die wirtschaftlichen Mächte im Abseits demokratischer Entscheidungen tatsächlich die Welt gestalten, gibt zum Beispiel Naomi Klein in ihrer Studie *Die Schockstrategie* reichhaltiges und erschreckendes zeitgeschichtliches Anschauungsmaterial.

Das Thema Bildung, das in der vorliegenden Schrift eher unterrepräsentiert ist, kann mit Gewinn in den pädagogischen Publikationen von Michael Felten vertieft werden, aber auch mit grundlegenden und aktuell politischen Bezügen in dem Buch *Wa(h)re Bildung* und anderen Publikationen von Jochen Krautz.

Der Gedanke, dass Nation heute nicht etwas Gestriges, sondern ein Schutz für die Demokratie ist, wurde mir zum ersten mal durch die Schrift von Jürgen Elsässer *Nationalstaat und Globalisierung* deutlich. Die von ihm herausgegebene Monats-zeitschrift *compact* bietet immer wieder erfrischende, aber auch verstörende Vertiefungen dazu, in welcher Welt wir aktuell leben.

Wertvolle stilistische Anregungen verdanke ich der poetischen Skulptur *Verschwunden*, die die Künstlerin Gesina Liebe vor einigen Jahren geschaffen hat.

Schließlich ist für das ebenfalls nur am Rande angesprochene Thema der Propaganda und ihrer Funktionsweise das schon etwas ältere Märchen von Hans Christian Andersen *Des Kaisers neue Kleider* unverzichtbar.

Ypsilon

Das Ypsilon ist der Joker im demokratischen Alphabet. Hier kann erörtert werden, worauf es wirklich ankommt. Kommt es auf die demokratischen Institutionen an? Auf den Wahlmodus und das Quorum bei Abstimmungen? Auf die Gewaltenteilung, auf Recht und Freiheit? Ja, auf alles das und noch mehr kommt es an. Publikumsjoker in diesem ernst gemeinten Spiel heißt aber auch:

Man muss Vertrauen haben in die Weisheit des Volkes (des „Publikums") oder doch zumindest in das seiner aktiven Mehrheit. Das mag man als Risiko betrachten. Vertrauen darin, dass die Bürger in ihrer Mehrheit – wer sonst? - am besten wissen, was für ihr Gemeinwohl am besten ist. Wer dieses Vertrauen nicht hat, braucht über Demokratie nicht weiter zu reden. Er kann dann direkt in die Proklamation der Expertenoligarchie, oder auch der Monarchie oder der Diktatur übergehen.

Bitte sehr, die Legenden der Völker kennen schließlich auch „gute Könige". Es mag sie gegeben haben, die sich, gemessen an den Standards ihrer Zeit, um ein besseres Wohl „ihres" Volkes gekümmert haben. Ebenso wenig muss verschwiegen werden, dass es Demokratien gab oder gibt, die gravierende Fehlentscheidungen getroffen haben, gemessen am Kriterium des Gemeinwohls. Allerdings sollte man dabei genau hinschauen, inwieweit solche Fehlentscheidungen wirklich demokratische (im Sinne von: mehrheitliche) Wurzeln oder vielleicht doch nur demokratische Etiketten hatten.

Die Kernfrage lässt sich auch so stellen: ist es möglich, dass undemokratische Verhältnisse durch demokratische Mehrheitsentscheidungen entstehen? Hier ist die Verführbarkeit des Volkes durch Propaganda und Demagogie angesprochen. Schon Shakespeare hat den Demagogen literarisch verarbeitet, indem er nach der Ermordung Cäsars gegensätzlich argumentierende Redner auftreten ließ, die nacheinander vom selben Publikum Applaus bekamen.

Wir kennen diese Bedenken auch in unseren Tagen. In Deutschland glauben immer noch Viele, dass das deutsche Volk mehrheitlich Hitler an die Macht gebracht habe, weshalb dem Volk, speziell dem deutschen, nicht zu trauen sei. Dieser hartnäckige Irrtum ist von den späteren Siegern und von den Ideologen der Frankfurter Soziologen-Schule beflügelt worden. Tatsächlich hat Hitler bei demokratischen Wahlen nie eine Mehrheit erhalten. Sein Zenit war bereits überschritten und er wäre nicht Kanzler geworden, wenn nicht Präsident Hindenburg, der trotz seines Amtes nie eine demokratische Gesinnung hatte, ihn überraschend und auf Betreiben des eifersüchtigen Ex-Kanzlers von Papen dazu ernannt hätte. Auch die Diktatur ab 1933 wurzelte in kleinen Machtzirkeln.

Der Publikumsjoker lautet: Der Leser möge die hier vorgestellten und vor allem die fehlenden Mosaiksteine zum Thema Demokratie ergänzen. Die Auswahl eines Begriffes zu jedem Buchstaben ist die selbstgewählte, aber natürlich willkürliche Regel dieses Textes. Auch die dargestellten Begriffe selbst können unter demokratischen Gesichtspunkten womöglich anders ausgelegt werden, die Mosaiksteine sozusagen andere Farben erhalten.

Warum wird der Artikel **R**epräsentation nicht von einem Artikel **D**irektdemokratie flankiert? (Weil unter D Datenspeicher behandelt werden und die Direktdemokratie deshalb unter anderen Überschriften versteckt ist.) Warum fehlen Begriffe wie **G**ewerkschaft, **G**eld, **G**lobalisierung oder **R**eligion oder **P**arteien? Was hat Demokratie mit **B**ildung und **E**rziehung zu tun? Und so fort. Auch wenn sich einige dieser angesprochenen Begriffe ohne eigene Überschrift durch den Text ziehen: nichts spricht dagegen, dass der Leser die unvollständige Sammlung ergänzt, korrigiert, das Gedankenspiel weiter treibt und am Ende das demokratische Spiel in einen fröhlichen demokratischen Ernst überführt. Die Anregung zum Weitermalen und Weiterdenken ist eine Absicht des Textes.

Allerdings, das wäre zu viel der Bescheidenheit, nicht in beliebige Richtungen. Es geht nicht um allerlei Phantastereien, sondern um die Demokratie, die als menschengerechte Staatsform vorausgesetzt wird. Es geht um den souveränen Bürger, der als Person keine Instanz über sich duldet, an deren Einrichtung er nicht mit seinesgleichen mitgewirkt hat und auch in Zukunft mitwirken wird. Es geht um das Beleuchten des öffentlichen Lebens freier Bürger aus den vielfältigen Schauplätzen der menschlichen Existenz heraus. Die Regeln zum Mitmachen sind sehr niederschwellig: Nachdenken, beim Thema bleiben, das Gespräch mit dem Nachbarn suchen. Auf seine eigene Art mitmachen.

Ziel

Ein Weg allein ist noch nicht das ganze Ziel

Wer das Ziel nicht kennt, kann den Weg nicht wissen, schrieb einst Christian Morgenstern mit Blick auf den Glauben an Gott. Der Satz ist für viele Zusammenhänge und Bezüge richtig.

Wie könnte man abschließend das Ziel einer demokratischen Gesellschaft beschreiben? In den voran gegangenen Artikeln sind viele Aspekte dazu erörtert worden, grundsätzliche und zeitbezogene. Es wurden Thesen formuliert, denen man widersprechen mag, es wurden aber auch Fragen offen gelassen, teils aus rhetorischen Gründen, teils aus Ratlosigkeit des Autors.

Damit ist ein adäquates Bild der Demokratie gegeben: nicht alles wird einstimmig ausgehen, nicht alles wird geklärt sein können. Aber das Leben muss täglich organisiert werden. Das Ungeklärte bleibt in Frieden und Respekt nebeneinander stehen. Nicht weil es gleichgültig wäre, wer Recht hat oder was richtig ist, sondern weil es im Interesse des Lebens keine Alternative dazu gibt. Ja, hier ist wirklich einmal von Alternativlosigkeit zu reden: Frieden und Respekt müssen bestehen bleiben, gerade wenn man Interesse an Klärung hat. Frieden und Respekt sind etwas anderes als Gleichgültigkeit.

Gleichgültigkeit würde das Tor öffnen für die, die Initiative ergreifen und den Gleichgültigen bald etwas aus der Tasche oder sie ganz über den Tisch ziehen. Aber das Anerkennen von Meinungsverschiedenheiten, Unterschieden, Unklarheiten und Respekt vor dem Anderen sind noch keine ausreichende Beschreibung von Demokratie. So könnte man auch ein buddhistisches Kloster beschreiben. Es geht schon um das Ziel, dass die Bürger ihr Gemeinschaftsleben auf Augenhöhe und in Balance zwischen Gleichheit und Freiheit tatsächlich organisieren und sich an die vereinbarten rechtlichen Formen halten. Angefangen beim Einkauf des Frühstücksbrötchens und dem Stopp an der roten Ampel über die Achtung der Bauvorschriften bis zur Frage der Steuererhebung und –verwendung. Dazu gehört, dass die Bürger aufkommende Zweifel an der Eignung bestimmter rechtlicher Formen oder an den Aktivitäten der beauftragten Repräsentanten freiheitlich und respektvoll zum Anlass nehmen, Änderungen herbeizuführen.

Selbst gegenüber Aktivitäten, die keinen Respekt zu verdienen scheinen, also gegenüber kriminellem Verhalten oder klaren Kompetenzüberschreitungen bis hin zum Verrat, gibt es keine Alternative zum rechtlich geordneten und anständigen Verhalten. Zum einen, weil auch Verbrecher Menschen sind und eine Würde haben, zum anderen, weil auch korrupte Akteure ihre Anhänger haben können, die man nicht mit Verhaltensweisen bekämpfen darf, die im Bürgerkrieg ihren Platz hätten und diesen folglich provozieren. Nachhaltig, um ein Modewort zu gebrauchen, ist immer nur menschliche Größe wie sie uns von ganz unterschiedlichen Persönlichkeiten wie Friedrich Wilhelm Raiffeisen oder Nelson Mandela oder vielen anderen vorgelebt wurde. Schutzmechanismen gegen Kriminelle gehören freilich ebenfalls zu dieser Nachhaltigkeit.

Wenig war von der Regierung die Rede in dieser Schrift. Auch das hat mit dem Ziel zu tun: stellen wir uns ein Symphonieorchester vor. Ein berühmtes Orchester hatte einmal einen berühmten Dirigenten zu Gast. Hinterher äußerten sich die Musiker auf Nachfrage sehr positiv über den Dirigenten: Er hat nicht gestört. So müsste man auch eine gute Regierung in einer Demokratie beschreiben. Man braucht sie für bestimmte Aufgaben, aber Ziel ist das selbstbestimmte Leben der Bürger. Sie „musizieren" selber, wenn sie sich für eine Partitur entschieden haben.

Wir sollten uns das Ziel daher nicht „in weiter Ferne" vorstellen, wie es Bertold Brecht in seinem Gedicht an die Nachgeborenen als Ausrede für sein schlechtes Benehmen in der Gegenwart reklamiert.

Die Geschichte ist auch nicht der ständige Fortschritt zum Besseren und Höheren, der am Wegesrand leider viele blutige Leichen zurück lassen muss, wie es Friedrich Schiller in seiner Jenaer Antrittsvorlesung ausmalte und damit sicher unbeabsichtigt sogar einem marxistischen Geschichtsbild Nahrung gab. Und es ist nicht wahr, dass es „kein richtiges Leben im falschen" gäbe, wie Theodor Adorno meinte, eine wohl eher melancholische Bemerkung, die manche 68er Revolutionäre gerne für ihr persönliches Fehlverhalten missbrauchten.

Das Ziel liegt immer schon in der Gegenwart. Nicht einfach, indem der Weg zum Ziel erklärt wird. Es muss schon der richtige Weg sein. Der Weg, der vom demokratischen Ziel ausgeleuchtet wird. Nur so lange kann diese Veranstaltung Demokratie heißen wie die Regelung der Gemeinschaftsangelegenheiten in der Sache und im Verfahren allen offensteht. Allen. Offensteht.

Bitte fügen Sie am <u>Ende Ihres Buches</u> so viele Leerseiten ein, dass die Gesamtseitenanzahl durch 4 teilbar ist (das geht am einfachsten mit der Tastenkombination „Strg + Return" = Seitenumbruch). Diese Vorgabe ist durch den Druck bedingt. Diese letzten Leerseiten werden nicht nummeriert. Vergessen Sie nicht, die Informationsseite zu Beginn dieses Templates und alle Informationstexte zu löschen! Alle blau gedruckten Inhalte sind nur farbig angelegt, um sie in diesem Template hervorzuheben, und sollten schwarz überschrieben werden.